LE
MAITRE D'ARMES

PAR

Alexandre Dumas.

2

PARIS,
DUMONT, ÉDITEUR,
PALAIS-ROYAL, 88, AU SALON LITTÉRAIRE

1840.

LE MAITRE D'ARMES.

OUVRAGES DE M. ALEXANDRE DUMAS:

Impressions de Voyage,	5 vol. in-8.
Isabel de Bavière,	2 vol. in-8.
Souvenirs Antony,	1 vol. in-8.
Pauline et Pascal Bruno,	2 vol. in-8.
Le Capitaine Paul,	2 vol. in-8.
Quinze jours au Sinaï.	2 vol. in-8.
Acté,	2 vol. in-8.
Le Capitaine Pamphile,	2 vol. in-8.
La comtesse de Salisbury,	2 vol. in-8.
Aventures de John Davys,	2 vol. in-8.
Jacques Ortis,	2 vol. in-8.
Othon l'Archer,	1 vol. in-8.
Maître Adam le Calabrais,	1 vol. in-8.
Les Stuarts,	2 vol. in-8.

Sous Presse :

Impressions de Voyage (*midi de la France*).

Impressions de Voyage (*nouvelle série*) Belgique etAllemagne.

Sceaux. — Impr. de E. Dépée.

LE
MAITRE D'ARMES

PAR

Alexandre Dumas.

2

PARIS,
DUMONT, ÉDITEUR,
PALAIS-ROYAL, 88, AU SALON LITTÉRAIRE

1840

VIII

A compter de ce moment, comme ma position était à peu près fixée, je résolus de quitter l'hôtel de Londres et d'avoir un chez moi. En conséquence je me mis à parcourir la ville en tous sens : ce fut dans ces excursions que je commençai à connaître véritablement Saint-Pétersbourg et ses habitants.

Le comte Alexis m'avait tenu parole.
Grâce à lui, j'avais, dès mon arrivée, obtenu un cercle d'écoliers que, sans ses recommandations, je n'eusse certes pas conquis par moi-même en toute une année.
C'étaient M. de Nariskin, le cousin de l'empereur ; M. Paul de Bobrinski, petit-fils avoué, sinon reconnu, de Grégoire Orloff et de Catherine-le-Grand; le prince Troubetskoi, colonel du régiment de Preobwjenskoi ; M. de Gorgoli, grand-maître de la police; plusieurs autres seigneurs des premières familles de Saint-Pétersbourg, et enfin deux ou trois officiers polonais servant dans l'armée de l'empereur.

Une des choses qui me frappa le plus chez les plus grands seigneurs russes fut leur politesse hospitalière, cette première vertu des peuples, qui survit si rarement à leur civilisation, et qui ne se démentit jamais à mon égard. Il est vrai que l'empereur Alexandre, à l'instar de Louis XIV, qui avait donné aux six plus anciens maîtres d'armes de Paris des lettres de noblesse transmissibles à leurs descendants, regardant aussi l'escrime comme un art et non comme un métier, avait pris le soin de rehausser la profession que j'exerçais en donnant à mes collègues et à moi des grades plus ou moins élevés dans l'armée. Néanmoins je reconnais hautement qu'en aucun pays du monde je n'eusse trouvé comme à Saint-Pétersbourg cette familiarité aristocratique qui, sans abaisser celui qui l'accorde, élève celui qui en est l'objet.

Ce bon accueil des Russes sert d'autant mieux les plaisirs des étrangers, que l'intérieur des familles est des plus animés, grâce aux anniversaires et aux grandes fêtes du calendrier, auxquelles il faut joindre encore celle du patron particulier de la maison. Aussi, pour peu que l'on ait un cercle de connaissances de quelque étendue, il se passe peu de jours sans que l'on ait deux ou trois dîners et autant de bals.

Il y a encore, en Russie, un autre avantage pour les professeurs : c'est qu'ils deviennent commensaux de la maison, et en quelque sorte membres de la famille. Un professeur, pour peu qu'il ait quelque distinction, prend au foyer, entre l'ami et le parent, une place qui tient de l'un et de l'autre, qu'il conserve tout le temps qui lui convient, et qu'il ne perd presque jamais que par sa faute.

C'était celle qu'avaient bien voulu me faire quelques-uns de mes écoliers, et entre autres le grand-maître de la police, M. de Gorgoli, tout à la fois l'un des plus nobles et des meilleurs cœurs que j'aie connus. Grec d'origine, beau, grand, bien fait, adroit à tous les exercices, c'était certainement, avec le comte Alexis Orloff et M. de Bobrinski, le type de la véritable seigneurie. Adroit à tous les exercices, depuis l'équitation jusqu'à la paume, d'une première force d'amateur à l'escrime, généreux comme un vieux boyard, il était à la fois la providence des étrangers et de ses concitoyens, pour lesquels il était toujours visible, à quelque heure du jour ou de la nuit que ce fût. Dans une ville comme Saint-Pétersbourg, c'est-à-dire dans cette Venise monarchique où aucune rumeur n'a son écho, où les canaux de la Mocka et de Catherine, comme ceux de la Giudecca et d'Orfano, rendent leurs morts sans bruit, où les boutchnicks qui veillent au coin de chaque rue inspirent parfois plus de terreurs qu'ils ne calment de craintes, le major Gorgoli était le répondant de la sécurité publique. Chacun, en le voyant parcourir sans cesse, sur un léger droschki attelé de chevaux rapides comme des gazelles, et renouvelés quatre fois par jour, les douze quartiers de la ville, les marchés et les bazars, fermait tranquillement le soir la porte de sa maison, instinctivement certain que cette providence visible restait l'œil ouvert dans les ténèbres. Je ne donnerai qu'une preuve de cette vigilance incessante. Depuis plus de douze ans que M. de Gorgoli était grand-maître de la police, il n'avait pas quitté un seul jour Saint-Pétersbourg.

Aussi il n'y a peut-être pas de ville au monde où l'on soit aussi en sûreté la nuit qu'à Saint-Pétersbourg. La police veille à la fois sur ceux qui sont enfermés chez eux et sur ceux qui courent les rues. De place en place s'élèvent des tours en bois dont la hauteur domine celle de toutes les maisons, qui n'ont généralement, au reste, que deux ou trois étages. Deux hommes veillent sans cesse au haut de ces tours ; dès qu'une étincelle, une lueur, une fumée, leur dénonce un incendie, ils tirent une sonnette qui correspond au bas de la tour, et pendant qu'on attèle aux pompes et aux tonneaux des chevaux qui restent sans cesse harnachés, ils indiquent le quartier de la ville où se manifeste le sinistre. Aussitôt pompiers et pompes partent au galop. Le temps qui leur est rigoureusement nécessaire pour se rendre à chaque distance est calculé, et il faut qu'à la minute dite ils aient franchi cette distance, de sorte que ce n'est point, comme en France, le propriétaire qui vient réveiller la police, mais au contraire la police qui vient lui dire : Levez-vous, votre maison brûle.

Quant à l'effraction, elle n'est presque jamais à craindre. Si voleur, ou plutôt, pour me servir d'une expression qui caractérise mieux la nuance que prend chez lui ce défaut, si *chippeur* que soit le peuple russe, il ne brisera pas un carreau ou ne forcera pas une porte; si bien que l'on peut, pourvu qu'elle soit cachetée, confier sans crainte à un mougick, devant lequel il ne faudrait pas laisser traîner un kopeck, une lettre dans laquelle il vous aura vu renfermer pour dix mille roubles de billets de banque.

Voilà pour la tranquillité de ceux qui restent chez eux.

Quant à ceux qui courent les rues, ils n'ont guère rien à craindre que des boutchnicks qui sont chargés de les protéger ; mais ces derniers sont si lâches qu'avec une canne ou un pistolet un seul homme en mettrait dix en fuite. Ces misérables sont donc forcés de se rejeter sur quelque malheureuse fille attardée, pour laquelle, en tout cas, le vol n'est pas une grande perte, ou le viol un grand chagrin. Au reste, chaque chose offre son bon côté : pendant les nuits d'hiver, où, malgré l'éclairage public, l'obscurité est si grande que les chevaux risquent à chaque instant de se briser les uns contre les autres, le boutchnick avertit toujours à temps les cochers du danger qu'ils courent. Sa vue est si bien habituée aux ténèbres dans lesquelles il vit, qu'il distingue, au milieu de la nuit, un traîneau, un droschki ou une calèche, qui s'approche sans bruit sur la neige, et, sans son avertissement, irait se heurter contre quelque autre, arrivant comme un éclair du côté opposé.

Au reste, à partir du mois de novembre jusqu'au mois de mars, la tâche toujours rude de ces malheureux, auxquels on ne paie, m'a-t-on assuré, qu'une vingtaine de roubles par an, devient quelquefois mortelle. Malgré les lourds vêtements dont ils sont chargés, malgré toutes les précautions qui sont prises contre son atteinte, le froid pénètre sourdement à travers les draps et les fourrures. Alors le veilleur nocturne n'a pas la force de prendre sur lui de marcher constamment; un accablement profond le gagne, un assoupissement

perfide s'empare de lui, il s'endort debout;
et, s'il ne passe dans ce moment quelque
officier de ronde qui le fasse bâtonner im-
pitoyablement, jusqu'à ce que le sang ait
repris son cours sous les coups, c'en est
fait de lui, il ne se réveille plus, et le lendemain matin on le trouve raidi dans sa
guérite. L'hiver qui précéda mon arrivée
à Saint-Pétersbourg, un de ces malheureux, qu'on avait retrouvé mort ainsi, et
qu'on avait voulu déplacer, était tombé le
front contre une borne; le cou s'était rom-
pu net, et la tête, pareille à une boule, s'en
était allée roulante jusqu'à l'autre trot-
toir.

Au bout de quelques jours de course, je
parvins enfin à trouver sur les bords du

canal Catherine, c'est-à-dire au centre de la ville, un logement convenable et tout garni, dans lequel je n'eus à introduire, pour le compléter, que des matelas et une couchette, le lit, dont l'usage est laissé aux grands seigneurs, étant regardé, par les paysans qui couchent sur des poêles, et par les marchands qui dorment dans des peaux et sur des fauteuils, comme un meuble de luxe.

Enchanté du nouvel arrangement que je venais de prendre, je retournais du canal Catherine à l'Amirauté, lorsque, sans songer que ce jour était le saint jour du dimanche, il me prit l'envie d'entrer dans un bain à vapeur. J'avais beaucoup entendu parler en France de ces sortes d'établissements, de sorte que, passant devant une maison de bains, je résolus de profiter de l'occasion. Je me présentai à la porte; moyennant deux roubles et demi, c'est-à-dire cinquante sous de France, on me remit une carte d'entrée, et je fus introduit dans une première chambre où l'on se déshabille : cette chambre est chauffée à la température ordinaire.

— Pendant que je me dévêtissais en compagnie d'une douzaine d'autres personnes, un garçon vint me demander si j'avais un domestique, et, sur ma réponse négative, s'informa de quel âge, de quel prix et de quel sexe je désirais la personne qui devait me frotter. Une telle demande nécessitait une explication; je la provoquai donc, et j'appris que des enfants et des hommes attachés à l'établissement se tenaient toujours prêts à vous rendre ce service, et que, quant aux femmes, on les envoyait chercher dans une maison voisine. Une fois le choix fait, la personne, quelle qu'elle fut, sur laquelle il s'était arrêté, se mettait nue comme le baigneur, et entrait avec lui dans la seconde chambre, chauffée à la température du sang. Je restai un instant muet d'étonnement; puis, la curiosité l'emportant sur la honte, je fis choix du garçon même qui m'avait parlé. A peine lui eus-je manifesté ma préférence, qu'il alla prendre à un clou une poignée de verges, et en un instant se trouva aussi nu que moi.

Alors il ouvrit la porte et me poussa dans la seconde chambre.

Je crus que quelque nouveau Méphistophélès m'avait conduit, sans que je m'en doutasse, au sabbat.

Que l'on se figure trois cents personnes parfaitement nues, de tout âge, de tout sexe, hommes, femmes, enfants, vieillards, dont la moitié fouette l'autre, avec des cris, des rires, des contorsions étranges, et cela sans la moindre idée de pudeur. C'est qu'en Russie le peuple est si méprisé que l'on confond ses habitudes avec celles des animaux, et que la police ne voit que des accouplements avantageux à la population et par conséquent à la fortune des nobles dans un libertinage qui commence à la prostitution et qui ne s'arrête pas même à l'inceste.

Au bout de dix minutes, je me plaignis de la chaleur; je rentrai dans la première chambre ; je me rhabillai, et jetant deux roubles à mon frotteur, je me sauvai révolté d'une pareille démoralisation, qui à Saint-Pétersbourg paraît si naturelle parmi les basses classes, que personne ne m'en avait parlé.

Je suivais la rue de la Résurrection, l'esprit tout préoccupé de ce que je venais de voir, lorsque j'allai me heurter à une foule assez considérable qui se pressait pour entrer dans la cour d'un magnifique hôtel. Poussé par la curiosité, je me mis à la queue, et je vis que ce qui attirait toute cette multitude, c'étaient les préparatifs du supplice du knout, qui allait être administré à un esclave. J'allais me retirer, ne me sentant pas la force d'assister à un pareil spectacle, lorsqu'une des fenêtres s'ouvrit, et que deux jeunes filles vinrent poser sur le balcon, l'une un fauteuil, et l'autre un coussin de velours; derrière les deux jeunes filles parut bientôt celle dont les membres délicats craignaient le contact de la pierre, mais dont les yeux ne craignaient pas la vue du sang. En ce moment un murmure courut dans la foule, et le mot: la Gossudarina! la Gossudarina! fut répété à voix basse, mais par cent voix, à l'accent desquelles il n'y avait point à se tromper.

En effet, je reconnus, au milieu des

fourrures qui l'enveloppaient, la belle Machinka auprès du ministre. Un de ses anciens camarades avait eu le malheur, disait-on, de lui manquer de respect; et elle avait exigé qu'une punition exemplaire avertît les autres de ne pas tomber dans une faute pareille. On avait cru que sa vengeance se bornerait là ; on s'était trompé : ce n'était pas assez qu'elle sût que le coupable avait été puni, elle avait encore voulu le voir punir. Comme j'espérais, malgré ce que Louise m'avait dit de sa cruauté, qu'elle n'était venue que pour faire grâce ou pour adoucir du moins le supplice, je restai parmi les spectateurs.

La Gossudarina avait entendu le murmure qui s'était élevé à sa venue ; mais au lieu d'éprouver de la crainte ou de la honte, elle parcourut des yeux toute cette multitude d'un air si hautain et si insolent, qu'une reine n'eût pas fait mieux; puis, s'asseyant sur le fauteuil et appuyant son coude sur le coussin, elle posa sa tête dans l'une de ses mains, tandis que de l'autre elle caressait une levrette blanche, qui allongeait sur les genoux de sa maîtresse sa tête de serpent.

Il paraît au reste que l'on n'attendait que sa présence pour commencer l'exécution, car à peine la belle spectatrice fut-elle au balcon qu'une porte basse s'ouvrit, et que le coupable s'avança entre deux mougicks, qui tenaient chacun une corde nouée autour des poignets, et suivi des deux autres exécuteurs, qui tenaient chacun un knout. C'était un jeune homme à la barbe blonde, à la figure impassible et aux traits fermes et arrêtés. Alors il passa dans la foule un bruit étrange : quelques-uns dirent que ce jeune homme, qui était le jardinier en chef du ministre, avait, lorsqu'elle était encore esclave, aimé Machinka, et que la jeune fille l'aimait de son côté, si bien qu'ils allaient s'épouser lorsque le ministre avait jeté les yeux sur elle et l'avait élevée ou abaissée, comme on le voudra, au rang de sa maîtresse. Or, depuis ce temps, par un revirement étrange, la Gossudarina avait pris le jeune homme en haine, et plus d'une fois déjà il avait éprouvé les effets de ce changement, comme si elle craignait que son maître ne la soupçonnât de persister dans quelques-uns des sentiments de son ancien état. Enfin, la veille, elle avait rencontré son compagnon d'esclavage dans une allée du jardin, et à quelques mots qu'il lui avait dit, elle s'était écriée qu'il l'insultait, et au retour du ministre, avait réclamé de lui la punition du coupable.

Les préparatifs du supplice étaient disposés d'avance. C'étaient une planche inclinée avec un carcan pour emboîter le cou du patient, et deux poteaux placés à droite et à gauche pour lui lier les bras ; quant au knout, c'était un fouet dont le manche pouvait avoir deux pieds à peu près ; à ce manche se rattachait une lanière de cuir plat, dont la longueur est double de celle de la poignée, et qui se termine par un anneau de fer auquel tient une autre bande de cuir moins longue de moitié que la première, large de deux pouces au commencement, mais qui allant toujours en s'amincissant, finit en pointe. On trempe cette pointe dans le lait et on la fait sécher au soleil, ce qui la rend aussi dure et aussi aiguë que la pointe d'un canif. Tous les six coups ordinairement, on change de lanière, car le sang amollit le cuir; mais, dans la circonstance présente, la chose devenait inutile : le condamné n'avait que douze coups à recevoir, et il y avait deux exécuteurs. Ces deux exécuteurs, au reste, n'étaient autres que les cochers du ministre, que leur habitude de manier le fouet avait élevés à ce grade, ce qui ne leur ôtait rien de la bonne amitié de leurs camarades, qui, dans l'occasion, prenaient leur revanche, mais sans rancune, et en gens qui obéissent, voilà tout. Souvent, d'ailleurs, il arrive que dans la même séance les battants deviennent battus, et plus d'une fois, pendant mon séjour en Russie, j'ai vu des grands seigneurs, dans un moment de colère contre leurs domestiques et n'ayant rien sous la main pour les battre, leur ordonner de se prendre aux cheveux et de se donner réciproquement des coups de poings dans le nez. D'abord, il faut l'avouer, c'était en hésitant et avec timidité qu'ils obéissaient à cet ordre, mais bientôt la douleur les mettait en train, chacun s'animait de son côté et frappait tout de bon, tandis que le maître ne cessait de crier : Plus fort, coquins, plus fort. Enfin, lorsqu'il croyait la punition suffisante, il n'avait qu'à dire : assez ; à ce mot, le combat cessait comme par magie, les antagonistes allaient laver leurs visages ensanglantés à la même fontaine et revenaient bras-dessus bras-dessous, aussi amicalement que si rien ne s'était passé entre eux.

Cette fois, le condamné ne devait pas en être quitte à si bon marché ; aussi les apprêts du supplice seuls suffirent-ils pour m'inspirer une profonde émotion, et cependant je me sentais cloué à ma place par cette fascination étrange qui entraîne l'homme du côté où l'homme souffre ; si bien qu'il faut que je l'avoue, je restai; d'ailleurs je voulais voir jusqu'où cette femme pousserait la cruauté.

Les deux exécuteurs s'approchèrent du jeune homme, le dépouillèrent de ses habits jusqu'à la ceinture, l'étendirent sur l'échafaud, lui assujétirent le cou dans le carcan et lui lièrent les bras aux deux poteaux; puis, l'un des exécuteurs ayant fait faire cercle à la foule, afin de réserver aux acteurs de cette terrible scène un espace demi-circulaire qui leur permît d'agir librement, l'autre prit son élan, et se levant sur la pointe du pied, il asséna le coup de manière à ce que la lanière fît deux fois le tour du corps du patient, où elle laissa un sillon bleuâtre. Quelle que dût être la douleur éprouvée, le malheureux ne jeta pas un cri.

Au deuxième coup quelques gouttes de sang vinrent à la peau.

Au troisième il jaillit.

A partir de ce moment, le fouet frappa sur la chair vive, si bien qu'à chaque coup l'exécuteur pressait la lanière entre ses doigts pour en faire dégoutter le sang.

Après les six premiers coups, l'autre exécuteur reprit la place avec un fouet neuf : depuis le cinquième coup, au reste, jusqu'au douzième, le patient ne donna d'autre preuve de sensibilité que la crispation nerveuse de ses mains, et sans un léger mouvement musculaire, qui à chaque percussion faisait frémir ses doigts, on aurait pu le croire mort.

L'exécution finie, on détacha le patient : il était presque évanoui et ne pouvait se soutenir ; cependant il n'avait pas jeté un cri, pas poussé un gémissement. Quant à moi je ne comprenais rien, je l'avoue, à cette insensibilité et à ce courage.

Deux mougicks le prirent par-dessous les bras et le reconduisirent vers la porte par laquelle il était venu ; au moment d'entrer, il se retourna, murmura en russe, et en regardant Machinka, quelques paroles que je ne pus comprendre. Sans doute ces paroles étaient ou une insulte ou une menace, car ses camarades le poussèrent vivement sous la voûte. A ces paroles, la Gossudarina ne répondit que par un dédaigneux sourire, et tirant une boîte d'or de sa poche, elle donna quelques bonbons à sa levrette favorite, appela ses esclaves, et s'éloigna appuyée sur leur épaule.

Derrière elle la fenêtre se referma, et la foule, voyant que tout était terminé, se retira silencieuse. Quelques-uns de ceux qui la composaient secouaient la tête comme s'ils voulaient dire qu'une pareille inhumanité dans une si jeune et si belle personne attirerait tôt ou tard sur elle la vengeance de Dieu.

IX

Catherine disait qu'il n'y avait point à Saint-Pétersbourg un hiver et un été, mais seulement deux hivers : un hiver blanc et un hiver vert.

Nous approchions à grands pas de l'hiver blanc, et j'avoue que, pour mon compte, ce n'était pas sans une certaine curiosité que je le voyais venir. J'aime les pays dans leur exagération, car c'est seulement alors qu'ils se montrent dans leur vrai caractère. Si on veut voir Saint-Pétersbourg en été et Naples en hiver, autant vaut rester en France, car on n'aura réellement rien vu.

Le czarewich Constantin était retourné à Varsovie sans avoir rien pu découvrir de la conspiration qui l'avait amené à Saint-Pétersbourg, et l'empereur Alexandre, qui se sentait invisiblement enveloppé d'une vaste conspiration, avait quitté, plus triste toujours, ses beaux arbres de Tzarko-Selo, dont maintenant les feuilles couvraient la terre. Les jours ardents et les pâles nuits avaient disparu; plus d'azur au ciel, plus de saphirs roulant avec les flots de la Néva; plus de musiques éoliennes, plus de gondoles chargées de femmes et de fleurs. J'avais voulu revoir encore une fois ces îles merveilleuses que j'avais trouvées, en arrivant, toutes tapissées de plantes étrangères, aux feuilles épaisses et aux larges corolles; mais les plantes étaient rentrées pour huit mois dans leurs serres. je venais chercher des palais, des temples, des parcs délicieux, je ne revis que des barques enveloppées de brouillards, autour desquelles les bouleaux agitaient leurs branches dégarnies et les sapins leurs sombres bras tout chargés de franges funéraires, et dont les habitans eux-mêmes, brillans oiseaux d'été, avaient déjà fui à Saint-Pétersbourg.

J'avais suivi le conseil qui m'avait, à mon

arrivée, été donné à table d'hôte par mon Lionnais, et ce n'était plus que couvert de fourrures, achetées chez lui, que je courais d'un bout de la ville à l'autre donner mes leçons, qui, au reste, s'écoulaient presque toujours bien plutôt en causeries qu'en démonstrations ou en assauts. M. de Gorgoli surtout, qui, après treize ans de fonctions de grand-maître de la police, avait donné sa démission à la suite d'une discussion avec le général Milarodowich, gouverneur de la ville, et qui, rentré dans la vie privée, éprouvait le besoin du repos après une si longue agitation, M. de Gorgoli, dis-je, me faisait quelquefois rester des heures entières à lui parler de la France et à lui raconter mes affaires particulières, comme à un ami. Après lui, c'était M. de Bobrinski qui me marquait le plus d'affection, et entre autres cadeaux qu'il ne cessait de me faire, il m'avait donné un très beau sabre turc. Quant au comte Alexis, c'était toujours mon protecteur le plus ardent, quoique je le visse assez rarement chez lui, préoccupé qu'il était de réunions avec ses amis de Saint-Pétersbourg, et même de Moscou, car, malgré les deux cents lieues qui séparent les deux capitales, il était sans cesse sur les chemins; tant le Russe est un composé étrange d'oppositions, et plein de mollesse par tempérament, se laisse prendre facilement à l'activité fiévreuse de l'ennui

C'était chez Louise surtout que je le retrouvais de temps en temps. Ma pauvre compatriote, et je le voyais avec un chagrin profond, devenait chaque jour plus triste. Quand je la trouvais seule, je l'interrogeais sur les causes de cette tristesse, que j'attribuais à quelque jalousie de femme; mais, lorsque j'abordais ce sujet, elle secouait la tête et parlait du comte Alexis avec tant de confiance, que je commençai à croire, en me rappelant ce qu'elle m'avait dit de cet ennui profond de Waninkoff, qu'il prenait une part active à cette conspiration sourde, dont on parlait mystérieusement sans savoir ceux qui la tramaient ni connaître celui qu'elle devait atteindre. Quant à lui, et c'est un hommage à rendre aux conjurés russes, je ne me rappelle pas avoir vu une seule fois le moindre changement dans ses traits, la moindre altération dans son caractère; et, certes, Machiavel, en indiquant Constantinople comme la meilleure école de conspirateurs, a été injuste envers Moscou la sainte.

Nous étions arrivés ainsi au 9 novembre 1824, des brouillards épais enveloppaient la ville, et depuis trois jours un vent du sud-ouest, froid et humide, soufflait violemment du golfe de Finlande, de sorte que la Néva était devenue houleuse comme une mer. Des groupes nombreux, rassemblés sur les quais, malgré la brise âcre et sifflante qui coupait le visage, remarquaient avec inquiétude l'agitation sous-marine du fleuve, et comptaient, le long des murs de granit dans lesquels il est contenu, les anneaux superposés qui indiquent les différentes hauteurs des différentes crues. Quelques autres, tout en priant au pied de la vierge, qui faillit faire renoncer, comme nous l'avons dit, Pierre-le-Grand à bâtir la ville impériale, calculaient que la hauteur du fleuve atteignait celle des premiers étages. Dans la ville chacun s'effrayait en voyant les fontaines couler plus abondantes, et les sources surgir à gros bouillons, comme si elles étaient pressées par une force étrangère dans leurs canaux souterrains. Enfin, quelque chose de sombre planait sur la ville qui indiquait l'approche d'un grand malheur.

Le soir vint; les postes consacrés aux signaux furent doublés partout.

La nuit, il y eut une tempête horrible. On avait ordonné de lever les ponts de manière à ce que les vaisseaux pussent venir chercher une retraite jusqu'au cœur de la ville ; si bien que toute la nuit ils remontèrent le cours de la Néva pour venir jeter l'ancre devant la forteresse, pareils à de blancs fantômes.

Je restai jusqu'à minuit chez Louise. Elle était d'autant plus effrayée, que le comte Alexis avait reçu l'ordre de se rendre à la caserne des chevaliers-gardes ; les précautions étaient les mêmes en effet que si la ville eût été en état de guerre. En la quittant, j'allai un instant sur les quais. La Néva paraissait tourmentée, et cependant ne grossissait point encore d'une manière visible; mais, de temps en temps, on entendait du côté de la mer des bruits étranges, pareils à de longs gémissements.

Je rentrai chez moi, personne ne dormait dans la maison. Une source, qui coulait dans la cour, débordait depuis deux heures, et s'était répandue au rez-de-chaussée. On disait qu'en d'autres endroits des dalles de granit s'étaient soulevées, et que l'eau avait jailli. Pendant toute la route, en effet, il m'avait semblé voir sourdre de l'eau entre les pierres, mais, comme je ne croyais pas au danger de l'inondation, attendu que ce danger m'était inconnu, je montai dans mon appartement, qui, au reste, étant situé au deuxième, m'offrait toute sécurité. Pendant quelque temps cependant, l'agitation que j'avais remarquée chez les autres, plus encore que celle que j'éprouvais moi-même, me tint éveillé; mais bientôt, accablé de fatigue, je m'endormis, bercé par le bruit de la tempête même.

Vers les huit heures du matin, je fus réveillé par un coup de canon. Je passai une robe de chambre, et je courus à la fenêtre. Les rues présentaient le spectacle d'une agitation extraordinaire. Je m'habillai promptement et je descendis.

— Qu'est-ce que ce coup de canon? demandai-je à un homme qui montait des matelas au premier.

— C'est l'eau qui monte, monsieur, me répondit-il.

Et il continua son chemin.

Je descendis au rez-de-chaussée; on y avait de l'eau jusqu'à la cheville, quoique le plancher de la maison fût au-dessus du niveau de la rue de toute la hauteur des trois marches qui formaient le perron. Je courus au seuil de la porte; le milieu de la rue était inondé, et une espèce de marée, causée par le passage des voitures, battait les trottoirs.

J'aperçus un droschki, je l'appelai; mais l'ivoschik refusait de marcher et voulait regagner au plus vite son hangar. Un billet de vingt roubles le décida. Je sautai dans la voiture, et je donnai l'adresse de Louise, sur la Perspective de Niusky. Mon cheval était dans l'eau jusqu'au jarret; de cinq minutes en cinq minutes on tirait le canon, et à chaque coup, ceux que nous croisions répétaient : « L'eau monte. »

J'arrivai chez Louise. Un soldat à cheval était à la porte. Il venait d'accourir au galop de la part du comte Alexis pour lui dire qu'elle eût à monter au plus haut de la maison afin de n'être pas surprise Le vent venait de tourner à l'ouest, et refoulait directement la Néva vers sa source, de sorte que la mer semblait lutter avec le fleuve pour le rejeter dans son lit. Le soldat achevait sa commission comme j'entrai chez Louise, et repartit ventre à terre du côté de la caserne, faisant voler l'eau tout autour de lui. Le canon tirait toujours.

Il était temps que j'arrivasse : Louise était mourante de frayeur, moins peut-être pour elle encore que pour le comte Alexis, dont les casernes, situées dans le quartier de Narva, devaient être les premières exposées à l'inondation. Cependant le message qu'elle venait de recevoir l'avait rassurée un peu. Nous montâmes ensemble sur la terrasse de la maison, qui, étant une des plus élevées, dominait toute la ville, et d'où pendant les beaux jours on découvrait la mer. Mais pour le moment le brouillard était si épais, que, vers un horizon très rapproché, la vue se perdait dans un océan de vapeur.

Bientôt le canon tira à coups plus pressés, et de la place de l'Amirauté nous vîmes s'échapper par les rues et dans toutes les directions les voitures de louage dont les cochers, ayant cru faire une bonne spéculation, vu l'envahissement souterrain de l'eau, s'étaient réunis à leur place habituelle. Forcés de fuir devant l'inondation du fleuve, ils criaient : L'eau monte, l'eau monte. Et en effet, derrière les voitures, et comme pour les poursuivre dans les rues, une haute vague montra sa tête verdâtre au-dessus du quai, se brisa à l'angle du pont d'Isaac, et roula son écume jusqu'au pied de la statue de Pierre-le-Grand.

Alors on entendit un grand cri d'effort,

comme si cette vague avait été vue de toute la ville. La Néva débordait.

A ce cri la terrasse du palais d'Hiver se couvrit d'uniformes. L'empereur, au milieu de son état-major, venait d'y monter pour donner des ordres, car le danger s'avançait de plus en plus pressant. Arrivé là, il vit que l'eau avait déjà atteint plus de la moitié de la hauteur des murailles de la forteresse, et il songea aux malheureux prisonniers qui se trouvaient dans des caveaux grillés donnant sur la Néva. Le patron d'une barque reçut à l'instant même l'ordre d'aller, au nom de l'empereur, prévenir le gouverneur de les faire sortir de leurs cachots, et de les mettre en sûreté ; mais la barque arriva trop tard: dans le désordre général, on les avait oubliés. Ils étaient morts.

En ce moment nous aperçûmes au-dessus du palais d'Hiver la banderolle du yacht impérial, qui s'était approché pour donner, si besoin était asile à l'empereur et à sa famille. L'eau alors devait être de plain-pied avec les parapets des quais, qui commençait à disparaître, et en voyant une voiture, qui se débattait avec son cocher et son cheval, nous apprîmes que dans les rues on commençait à perdre pied. Bientôt le cocher se jeta à la nage, gagna une fenêtre et fut accueilli à un balcon du premier.

Préoccupés un instant de ce spectacle, nous avions détourné les yeux de la Néva, mais en les y reportant, nous aperçûmes deux barques sur la place de l'Amirauté. L'eau était déjà si haute, qu'elles avaient pu passer par-dessus les parapets. Ces barques étaient envoyées par l'empereur pour porter du secours à ceux qui se noyaient. Trois autres les suivirent. Nous reportâmes alors machinalement les yeux vers la voiture et le cheval ; le dôme de la voiture paraissait encore, mais le cheval était entièrement englouti. Il y avait donc déjà six pieds d'eau à peu près dans les rues. Depuis un instant le canon avait cessé de tirer, preuve que l'inondation atteignait la hauteur des remparts de la citadelle.

Alors on commença à voir flotter des

débris de maisons, qui, poussés par les vagues, arrivaient des faubourgs : c'étaient ceux des misérables baraques de bois du quartier de Narva qui n'avaient pu résister à l'ouragan, et qui avaient été enlevées avec les malheureux qui les habitaient.

Une des barques qui passaient dans la Perspective repêcha devant nous un homme, mais il était déjà mort. Il est difficile de dire l'impression que produisit sur nous la vue de ce premier cadavre.

L'eau continuait de monter avec une effrayante rapidité ; les trois canaux qui enferment la ville dégorgeaient dans les rues leurs barques chargées de pierres, de fourrages et de bois. De temps en temps on voyait un homme s'accrocher à quelqu'une de ces îles flottantes, et gagner le sommet, d'où il faisait des signaux aux barques qui alors essayaient d'arriver à lui ; mais c'était chose difficile, tant les vagues enfermées dans les rues comme dans des canaux se débattaient avec furie ; si bien, qu'avant que le secours ne fût arrivé à lui, souvent le malheureux était emporté par une lame, ou voyait ceux qu'il regardait comme ses sauveurs engloutis eux-mêmes.

Nous sentions la maison trembler, et nous l'entendions gémir sous la secousse des vagues qui avaient atteint le premier étage, et il nous semblait à tout instant que sa base allait se fendre et ses étages supérieurs s'écrouler ; et cependant, au milieu de tout ce chaos, Louise n'avait qu'une parole à la bouche : Alexis ! oh ! mon Dieu ! mon Dieu ! Alexis !

L'empereur paraissait au désespoir; le comte Milarodowich, gouverneur de Saint-Pétersbourg, était près de lui, recevant et transmettant ses ordres, qui, si périlleux qu'ils fussent, étaient exécutés à l'instant même avec un miraculeux dévouement. Cependant les nouvelles qu'on lui apportait étaient de plus en plus désastreuses. Dans une des casernes de la ville, un régiment tout entier avait cherché un refuge sur le toît, mais le bâtiment s'était écroulé, et tous ces malheureux avaient disparu. Comme on faisait ce récit à l'empereur, un factionnaire, enlevé dans sa guérite, qui jusque-là l'avait protégé comme une barque, parut au sommet d'une vague, et apercevant l'empereur sur la terrasse, se remit debout, et lui présenta les armes. En ce moment une vague le renversa, lui et sa frêle embarcation. L'empereur jeta un cri, et ordonna à un canot d'aller à son secours. Heureusement le soldat savait nager; il se soutint un instant sur l'eau, le canot l'atteignit et l'emmena au palais.

Tout le reste ne fut bientôt plus qu'une scène de chaos dont il était impossible de suivre les détails. Des vaisseaux se brisèrent en se heurtant, et l'on vit leurs débris passer au milieu des débris des maisons, des meubles flottants et des cadavres d'hommes et d'animaux. Des bières enlevées aux sépultures rendirent leurs ossements comme au jour du jugement dernier, enfin une croix arrachée au cimetière entra par une fenêtre du palais impérial, et fut retrouvée, présage mortel, dans la chambre de l'empereur!

La mer monta ainsi pendant douze heures. Partout les premiers étages furent submergés, et dans quelques quartiers de la ville l'eau atteignit jusqu'au second, c'est-à-dire six pieds au-dessus de la Vierge de Pierre-le-Grand; puis elle commença à décroître, car, avec la permission de Dieu, le vent tourna de l'ouest au nord, et la Néva put continuer de suivre son cours auquel la mer s'était opposée comme une muraille; douze heures de plus, Saint-Pétersbourg et ses habitants disparaissaient de la surface de la terre comme au jour du déluge les villes antiques.

Pendant tout ce temps, l'empereur, le grand-duc Nicolas, le grand-duc Michel et le gouverneur-général de la place, le comte Milarodowich, que sa bravoure avait fait appeler le Bayard russe, quoique sa continence fut loin de pouvoir être comparée à celle du héros français, ne quittèrent point la terrasse du palais d'Hiver, tandis que l'impératrice, de sa fenêtre, jetait des bourses d'or aux bateliers qui se dévouaient au salut de tous.

Vers le soir, une barque aborda au second étage de notre maison. Depuis longtemps Louise échangeait des signes joyeux avec le soldat qui la montait et dont elle avait reconnu l'uniforme ; en effet, il apportait des nouvelles du comte et venait chercher les nôtres. Elle lui écrivit quelques lignes au crayon dans lesquelles elle le rassurait, et j'y ajoutai une apostille dans laquelle je lui promettais de ne pas la quitter.

Comme la mer continuait à baisser, et que le vent promettait de se maintenir au nord, nous descendîmes de la terrasse au second. Ce fut là que nous passâmes la nuit, car il était de toute impossibilité d'entre au premier; l'eau s'en était retirée, il est vrai, mais tout y était souillé et perdu; les fenêtres et les portes étaient brisées, et le parquet était couvert de débris de meubles.

C'était la troisième fois depuis un siècle que Saint-Pétersbourg, avec ses palais de brique et ses colonnades de plâtre, était ainsi menacée par l'eau, faisant un étrange pendant à Naples, qui à l'autre bout du monde européen est menacée par le feu.
Le lendemain matin, il n'y avait plus que deux ou trois pieds d'eau dans les rues, et alors, en voyant les débris et les cadavres gisant sur le pavé, on pouvait apprécier les désastres. Les navires avaient été portés jusqu'à la hauteur de l'église de Cazan, et à Cronstad, un vaisseau de ligne de cent canons, lancé au milieu de la place publique, avait renversé avant

d'arriver là, deux maisons auxquelles il s'était heurté comme à des rochers.

Au milieu de cette vengeance de Dieu, une vengeance terrible avait été exercée par les hommes.

A onze heures de la nuit, le ministre avait été appelé par l'empereur, et avait laissé chez lui sa belle maîtresse, en lui recommandant au premier signal du danger, de gagner les appartements que l'eau ne pourrait pas atteindre; c'était chose facile, l'hôtel du ministre, l'un des plus beaux de la rue de la Résurrection, ayant quatre étages.

La Gossudarina était donc restée seule dans l'hôtel avec ses esclaves, et le ministre s'était rendu au palais d'Hiver, où il était resté près de l'empereur jusqu'au surlendemain, c'est-à-dire tout le temps qu'avait duré l'inondation. Aussitôt libre, il était revenu à son hôtel, dont il avait trouvé toutes les portes brisées ; l'eau avait monté à la hauteur de dix-sept pieds, de sorte que la maison était totalement abandonnée.

Inquiet pour sa belle maîtresse, le ministre monta vivement à sa chambre ; la porte en était fermée, et c'était une de celles qui avaient résisté aux vagues ; presque toutes les autres avaient été arrachées de leurs gonds et emportées. Inquiet de cette circonstance étrange, il frappe, il appelle, mais tout est muet, sinon désert ; sa terreur redouble à ce silence, et après des efforts inouis il enfonce enfin la porte.

Le cadavre de la Gossudarina était couché au milieu de l'appartement ; mais, terrible preuve que l'inondation n'était pas la seule cause de sa mort, la tête manquait au tronc.

Le ministre, presque insensé de douleur, appela au secours, par le même balcon d'où Machinka avait regardé l'exécution de son ancien camarade. Quelques personnes accoururent, et le trouvèrent à genoux près de ce pauvre corps mutilé.

On chercha alors par la chambre et l'on retrouva la tête, que les flots avaient roulée sur le lit; près de la tête étaient de grands ciseaux avec lesquels on émonde les haies des jardins, et qui avaient évidemment servi à l'assassinat.

Tous les esclaves du ministre, qui à l'aspect du danger avaient fui chacun de son côté, revinrent le soir même ou le lendemain.

Il n'y eut que le jardinier qui ne revint pas.

X

Le vent, en sautant de l'ouest au nord, avait indiqué l'arrivée de l'hiver; aussi à peine eut-on réparé les premiers désastres causés par l'ennemi en retraite, qu'il fallut faire face à l'ennemi qui s'avançait. Il était d'autant plus urgent de se hâter, qu'on était arrivé déjà, lorsque l'inondation avait eu lieu, au 10 novembre. On vit les vaisseaux qui avaient échappé à l'ouragan regagner en toute hâte la haute mer, pour ne reparaître, comme les hirondelles, qu'avec le printemps; les ponts furent enlevés, et dès-lors on attendit plus tranquillement les premières gelées. Le 3 décembre, elles étaient arrivées; le 4, la neige tomba, et quoiqu'il ne fît que 5 ou 6 degrés au-dessous de glace, le traînage s'établit; c'était un grand bonheur : toutes les provisions d'hiver avaient été gâtées par l'inondation, le traînage préservait de la disette.

En effet, grâce au traînage, qui par sa vitesse équivaut presque à la vapeur, dès que ce mode de transport est établi, il arrive dans la capitale, d'un bout à l'autre de l'empire, du gibier tué quelquefois à mille ou douze cents lieues de l'endroit où il doit être mangé. Alors, les coqs de bruyère, les perdrix, les gelinottes et les canards sauvages, rangés par couches avec de la neige dans des tonneaux, affluent aux marchés, où ils se donnent plutôt qu'ils ne se vendent. Près d'eux, on voit, étendus sur des tables ou empilés en monceaux, les poissons les plus recherchés de la mer Noire et du Volga; quant aux animaux de boucherie, on les expose en vente debout sur leurs quatre pieds, comme s'ils étaient vivants, et on taille à même.

Les premiers jours où Saint-Pétersbourg eut revêtu sa blanche robe d'hiver furent pour moi des jours de curieux spectacle, car tout était nouveau. Je ne pouvais surtout me lasser d'aller en traîneau, car il y a une volupté extrême à se sentir entraîné sur un terrain poli comme une glace, par des chevaux qu'excite la vivacité de l'air, et qui, sentant à peine le poids de leur charge, semblent voler plutôt que courir. Ces premiers jours furent d'autant plus agréables pour moi, que l'hiver, avec une coquetterie inaccoutumée, ne se montra que petit à petit, de sorte que j'arrivai, grâce à mes pelisses et à mes fourrures, jusqu'à 20 degrés, presque sans m'en être aperçu; à 12 degrés, la Néva avait commencé de prendre.

J'avais tant fait courir mes malheureux

chevaux, que mon cocher me déclara un matin que, si je ne leur laissais pas quarante-huit heures au moins de repos, au bout de huit jours ils seraient tout-à-fait hors de service. Comme le ciel était très beau, quoique l'air fût plus vif que je ne l'avais encore senti, je me décidai à faire mes courses en me promenant; je m'armai de pied en cap contre les hostilités du froid; je m'enveloppai d'une grande redingote d'astracan, je m'enfonçai un bonnet fourré sur les oreilles, je roulai autour de mon cou une cravate de cachemire, et je m'aventurai dans la rue, n'ayant de toute ma personne que le bout du nez à l'air.

D'abord tout alla à merveille; je m'étonnai même du peu d'impression que me causait le froid, et je riais tout bas de tous les contes que j'en avais entendu faire, j'étais, au reste, enchanté que le hasard m'eût donné cette occasion de m'acclimater. Néanmoins, comme les deux premiers écoliers chez lesquels je me rendais, M. de Bobrinski et M. de Nariskin, n'étaient point chez eux, je commençais à trouver que le hasard faisait trop bien les choses, lorsque je crus remarquer que ceux que je croisais me regardaient avec une certaine inquiétude, mais, cependant, sans me rien dire. Bientôt un monsieur, plus causeur, à ce qu'il paraît, que les autres, me dit en passant: *Noss!* Comme je ne savais pas un mot de russe, je crus que ce n'était pas la peine de m'arrêter pour un

monosyllabe, et je continuai mon chemin.
Au coin de la rue des Pois, je rencontrai
un ivoschik qui passait ventre à terre en
conduisant son traîneau; mais si rapide
que fût sa course, il se crut obligé de me
parler à son tour, et me cria : *Noss, noss!*
Enfin, en arrivant sur la place de l'Amirauté, je me trouvai en face d'un mougick,
qui ne me cria rien du tout, mais qui, ramassant une poignée de neige, se jeta sur
moi, et avant que j'eusse pu me débarrasser de tout mon attirail, se mit à me débarbouiller la figure et à me frotter particulièrement le nez de toute sa force. Je
trouvai la plaisanterie assez médiocre, surtout par le temps qu'il faisait, et tirant un
de mes bras d'une de mes poches, je lui
allongeai un coup de poing qui l'envoya

rouler à dix pas. Malheureusement ou heureusement pour moi, deux paysans passaient en ce moment, qui, après m'avoir regardé un instant, se jetèrent sur moi, et malgré ma défense me maintinrent les bras, tandis que mon enragé mougick ramassait une autre poignée de neige, et, comme s'il ne voulait pas en avoir le démenti, se précipitait de nouveau sur moi. Cette fois, profitant de l'impossibilité où j'étais de me défendre, il se mit à recommencer ses frictions. Mais, si j'avais les bras pris, j'avais la langue libre; croyant que j'étais la victime de quelque méprise ou de quelque guet-apens, j'appelai de toute ma force au secours. Un officier accourut et me demanda en français à qui j'en avais.

— Comment, monsieur, m'écriai-je en faisant un dernier effort et en me débarrassant de mes trois hommes, qui de l'air le plus tranquille du monde, se remirent à continuer leur chemin, l'un vers la Perspective, et les deux autres du côté du quai Anglais; vous ne voyez donc pas ce que ces drôles me faisaient?

— Que vous fesaient-ils donc?

— Mais ils me frottaient la figure avec de la neige. Est-ce que vous trouveriez cela une plaisanterie de bon goût, par hasard, avec le temps qu'il fait?

— Mais, monsieur, ils vous rendaient un énorme service, me répondit mon interlocuteur en me regardant comme nous disons, nous autres Français, dans le blanc des yeux.

— Comment cela ?

— Sans doute, vous aviez le nez gelé.

—Miséricorde ! m'écriai-je en portant la main à la partie menacée.

— Monsieur, dit un passant en s'adressant à l'interlocuteur, monsieur l'officier, je vous préviens que votre nez gèle.

—Merci, monsieur, dit l'officier comme si on l'eût prévenu de la chose la plus naturelle du monde, et se baissant, il ramassa une poignée de neige, et se rendit à lui-même le service que m'avait rendu le pauvre mougick, que j'avais si brutalement récompensé de son obligeance.

— C'est-à-dire alors, monsieur, que sans cet homme.....

— Vous n'auriez plus de nez, continua l'officier en se frottant le sien.

— Alors, monsieur, permettez!...

Et je me mis à courir après mon mougick, qui, croyant que je voulais achever de l'assommer, se mit à courir de son côté, de sorte que, comme la crainte est naturellement plus agile que la reconnaissance, je ne l'eusse probablement jamais rattrapé, si quelques personnes, en le voyant fuir et en me voyant le poursuivre, ne l'eussent pris pour un voleur, et ne lui eussent barré le chemin. Lorsque j'arrivai, je le trouvai parlant avec une grande volubilité, afin de faire comprendre qu'il n'était coupable que de trop de philanthropie ; dix roubles que je lui donnai expliquèrent la chose. Le mougick me baisa les mains, et un des assistants, qui parlait français, m'invita à faire désormais plus d'attention à mon nez. L'invitation était inutile, pendant tout le reste de ma course je ne le perdis pas de vue.

J'allais à la salle d'armes de M. Siverbrük, où j'avais rendez-vous avec M. de Gorgoli qui m'avait écrit de venir l'y trouver. Je lui racontai l'aventure qui venait de m'arriver comme une chose fort extraordinaire ; alors il s'informa si d'autres personnes ne m'avaient rien dit avant que le pauvre mougick se dévouât. Je lui répondis que deux passants m'avaient fort regardé, et, en me croisant, m'avaient crié : *Noss! noss!* « Eh bien! me dit-il, c'est cela, on vous criait de prendre garde à votre nez. C'est la formule ordinaire ; une autre fois tenez-vous donc pour averti. »

M. de Gorgoli avait raison, et ce n'est pas précisément pour le nez ou pour les oreilles qu'il y a plus à craindre à Saint-Pétersbourg, attendu que, si vous ne vous apercevez pas que la gelée les gagne, le premier passant le voit pour vous et vous prévient presque toujours à temps pour porter remède au mal. Mais, lorsque malheureusement le froid s'empare de quelque autre partie du corps cachée par les vêtements, comme l'avis devient impossible, vous ne vous en apercevez que par l'engourdissement de la partie affectée, et alors il est souvent trop tard. L'hiver précédent, un Français nommé Pierson, commis d'une des premières maisons de banque de Paris, avait été victime d'un accident de ce genre, faute de précaution.

En effet, M. Pierson, qui était parti de Paris pour accompagner à Saint-Pétersbourg une somme considérable faisant partie de l'emprunt négocié par le gouvernement russe, et qui était sorti de France par un temps superbe, n'avait pris aucune précaution contre le froid. En arrivant à Riga, il avait trouvé le temps encore fort supportable, de sorte qu'il avait continué sa route, jugeant inutile d'acheter ni manteau, ni fourrures, ni bottes doublées de laine : en effet, les choses allèrent encore bien en Livonie; mais trois lieues au-delà de Revel, la neige tomba à flocons si pressés que le postillon perdit son chemin et versa dans une fondrière. Il fallut aller chercher du secours, les deux hommes n'étant point assez forts pour relever la voiture : le postillon détela donc un de ses chevaux et partit rapidement pour la ville la plus prochaine, tandis que M. Pierson, voyant la nuit s'avancer, ne voulut point, de crainte des voleurs, quitter un seul instant le trésor qu'il escortait. Mais avec la nuit la neige cessa, et le vent ayant passé au nord, le froid monta subitement à 20 degrés. M. Pierson, qui connaissait le danger terrible qu'il courait, se mit aussitôt à marcher autour de sa voiture, pour le combattre autant qu'il était en son pouvoir. Au bout de trois heures d'attente, le postillon revint avec des hommes et des chevaux, la voiture fut remise sur roues, et, grâce à son double attelage, M. Pierson gagna rapidement la première ville, où il s'arrêta. Le maître de poste chez lequel on était venu prendre des chevaux l'attendait avec inquiétude, car il savait dans quelle position il était resté pendant tout le temps de l'absence du postillon; aussi sa première demande, quand M. Pierson descendit de sa voiture, fut pour lui demander s'il n'avait rien de gelé. Le voyageur répondit qu'il espérait que non, attendu qu'il n'avait cessé de marcher, et que, grâce au mouvement, il croyait avoir lutté victorieusement contre le froid. A ces mots, il découvrit son visage et montra ses mains; ils étaient intacts.

Cependant, comme M. Pierson éprouvait une grande lassitude, et qu'il craignait, s'il continuait sa route pendant la nuit, quelque accident pareil à celui auquel il croyait avoir échappé, il fit bassiner son lit, prit un verre de vin chaud et s'endormit.

Le lendemain, il se réveille et veut se lever, mais il semble cloué dans son lit; d'un de ses bras qu'il lève avec peine, il atteint le cordon de la sonnette et appelle. On vient; il dit ce qu'il éprouve; c'est comme une paralysie générale; on court chez le médecin; il arrive, lève la couverture et trouve les jambes du malade livides et tachetées de noir : la gangrène commençait à s'y mettre. Le médecin annonce aussitôt au malade que l'amputation est de toute nécessité.

Quelque terrible que fût cette ressource, M. Pierson s'y résolut. Le médecin envoie aussitôt chercher les instruments nécessaires; mais, tandis qu'il fait ses préparatifs, le malade se plaint tout à coup que sa vue s'affaiblit et que c'est à peine s'il distingue les objets qui l'entourent. Le docteur commence alors à craindre que le mal ne soit plus grand encore qu'il ne le supposait, procède à un nouvel examen, et reconnaît que les chairs du dos viennent de s'ouvrir. Alors, au lieu d'annoncer à M. Pierson la nouvelle et terrible découverte qu'il vient de faire, il le rassure, lui promet que son état est moins alarmant qu'il ne l'avait cru d'abord, et lui dit, comme preuve de ce qu'il avance, qu'il doit éprouver un grand besoin de sommeil. Le malade répond qu'effectivement il se sent singulièrement assoupi. Dix minutes après, il était endormi, et au bout d'un quart d'heure de sommeil, il était mort

Si on avait aussitôt reconnu sur son corps les atteintes de la gelée et qu'on l'eût à l'instant même frotté avec de la neige, comme le bon mougick avait fait pour mon nez, M. Pierson se serait remis en route le lendemain comme si rien n'était arrivé.

Ce fut une leçon pour moi ; et, craignant de ne pas toujours trouver dans les passants la même obligeance opportune, je ne sortis plus qu'avec un petit miroir dans ma poche, et de dix minutes en dix minutes je me regardais le nez.

Au reste, Saint-Pétersbourg avait pris, en moins de huit jours, sa robe d'hiver : la Néva était gelée et on la traversait en tout sens, soit à pied, soit avec des voitures. Partout les traîneaux avaient remplacé les voitures ; la Perspective était devenue une espèce de Longchamp, les poêles étaient allumés dans les églises, et le soir, à la porte des théâtres, de grands feux brûlaient dans des enceintes bâties à cet'effet, couvertes du haut, ouvertes des côtés et garnies de bancs circulaires sur lesquels les domestiques attendaient leurs maîtres. Quant aux cochers, les seigneurs qui ont quelque pitié les renvoient à l'hôtel en leur indiquant l'heure à laquelle ils doivent revenir. Les plus malheureux de tous sont les soldats et les boutchnicks : il n'y a pas de nuit où l'on ne relève morts quelques-uns de ceux qu'on avait quittés vivants.

Cependant le froid augmentait toujours, et il arriva à un tel degré, que des troupes de loups furent aperçues dans les environs de Saint-Pétersbourg, et qu'un matin on trouva un de ces animaux qui se promenait comme un chien dans le quartier de la Fonderie. La pauvre bête, au reste, n'avait rien de bien menaçant et me faisait bien plutôt l'effet d'être venue pour demander l'aumône qu'avec l'intention de prendre rien de fo.ce ; on l'assomma à coup de bâtons.

Comme je racontais le soir même cette aventure devant le comte Alexis, il me parla à son tour d'une grande chasse à l'ours qui devait avoir lieu le surlendemain, dans une forêt, à dix ou douze lieues de Moscou. Comme la chasse était dirigée par M. de Nariskin, un de mes écoliers, je n'eus pas de peine à obtenir du comte qu'il lui parlât de mon désir d'y assister ; il me le promit, et en effet le lendemain je reçus une invitation avec le programme, non pas de la fête, mais du costume. Ce costume est un habit tout garni de fourrures et dont la fourrure est en dedans, avec une espèce de casque en cuir qui descend en pèlerine sur les épaules ; le chasseur a la main droite armée d'un gantelet, et tient à cette main un poignard. C'est avec ce poignard qu'il attaque l'ours dans une lutte corps à corps et que, presque toujours du premier coup, il le tue.

Les détails de cette chasse, que je m'étais fait répéter deux ou trois fois avec le plus grand soin, m'avaient ôté un peu de mon enthousiasme pour elle. Cependant comme je m'étais mis en avant, je ne voulais pas reculer, et je fis tous mes préparatifs, achetant habit, casque et poignard, afin de les essayer le même soir et de n'être pas trop empêtré dans mon attirail.

J'étais resté assez tard chez Louise, de sorte que ce ne fut guère qu'à minuit passé que je rentrai chez moi. Je commençai aussitôt ma répétition avec costume ; je dressai mon traversin sur une chaise et me précipitai dessus pour le frapper juste à la place que j'avais marquée, et qui devait correspondre pour l'ours à la sixième côte, lorsque je fus tout à coup détourné de l'attention que j'apportais à cet exercice, par un bruit épouvantable qui se fit dans ma cheminée. J'y courus aussitôt, et, introduisant ma tête entre les portes que j'avais déjà fermées (car à Saint-Pétersbourg les cheminées se ferment la nuit comme des poêles), j'aperçus un objet dont je ne pus distinguer la forme, qui après être descendu presqu'à la hauteur de ma plaque, remonta vivement. Je ne doutai pas un instant que ce ne fût quelque voleur qui, dans sa haine de l'effraction avait probablement employé ce moyen pour pénétrer chez moi, et qui, s'apercevant que je n'étais point encore couché, se hâtait de battre en retraite. Comme je criai plusieurs fois : Qui va là? et que personne ne me répondit, ce silence ne fit que me confirmer dans mon opinion : il en résulta que je restai près d'une demi-heure sur mes gardes; mais, n'entendant plus aucun bruit, je jugeai que le voleur était parti pour ne plus revenir, et ayant barricadé avec le plus grand soin la porte de ma cheminée, je me couchai et m'endormis.

Il y avait un quart d'heure à peine que j'avais la tête sur l'oreiller, lorsque tout au milieu de mon sommeil il me sembla entendre des pas dans le corridor. Tout préoccupé encore de l'histoire inexplicable de ma cheminée, je me réveille en sursaut et j'écoute. Plus de doute, il y a quelqu'un qui passe et repasse devant la porte de ma chambre, et qui fait crier le parquet malgré l'intention qu'il semble mettre à ne pas produire le moindre bruit. Bientôt ces pas s'arrêtent devant ma porte avec hésitation; il est probable qu'on s'assure si je dors. J'allonge la main vers la chaise où j'avais jeté toute ma défroque, j'attrape mon casque et mon poignard, je me coiffe de l'un, je m'arme de l'autre, et j'attends.

Au bout d'un instant d'hésitation, j'entends qu'on met la main sur ma clef, ma serrure grince, ma porte s'ouvre, et je vois s'avancer vers moi, éclairé par la lumière d'une lanterne qu'il a laissée dans le corridor, un être fantastique dont la figure, autant que j'en puis juger dans l'obscurité, me semble couverte d'un masque. Aussitôt je pense qu'il vaut mieux le prévenir que l'attendre; en conséquence, comme il s'avance vers la cheminée avec une hardiesse qui prouve sa connaissance des lieux, je saute à bas de mon lit, je le saisis à la gorge, je le terrasse, et, lui mettant le poignard sur la poitrine, je lui demande à qui il en a et ce qu'il veut; mais alors, à mon grand étonnement, c'est mon adversaire qui pousse des cris affreux et semble appeler au secours. Alors, voulant voir décidément à qui j'ai affaire, je me précipite dans le corridor, je saisis la lanterne et je reviens ; mais, si courte qu'ait été mon absence, le voleur a disparu comme par enchantement. Seulement j'entends dans la cheminée comme un léger froissement ; j'y cours, je regarde et j'aperçois dans le lointain la semelle des souliers et le fond de la culotte de mon homme, s'éloignant avec une rapidité qui dénote dans leur propriétaire l'habitude de ces sortes de chemins ; je reste stupéfait.

En ce moment un voisin qui a entendu le sabbat infernal que je fais depuis dix minutes, entre chez moi, croyant que l'on m'assassine, et me trouve debout en chemise, une lanterne d'une main, un poignard de l'autre et mon casque sur la tête. Sa première question est de me demander si je suis devenu fou.

Alors pour lui prouver que je suis dans tout mon bon sens, et même pour lui donner quelque idée de mon courage, je lui raconte ce qui s'est passé. Mon voisin éclate de rire, j'ai vaincu un ramoneur. Je veux douter encore, mais mes mains, ma chemise et mon visage même pleins de suie, attestent la vérité de ses paroles. Mon voisin me donne alors quelques explications, et je n'ai plus de doute.

En effet, le ramoneur, qui en France, même l'hiver, n'est qu'une espèce d'oiseau de passage qui chante une fois l'an au haut de la cheminée, devient à Saint-Pétersbourg un être de première nécessité ; aussi, tous les quinze jours au moins, fait-il sa tournée dans chaque maison. Seulement ses travaux tutélaires sont nocturnes car, si dans la journée on ouvrait les conduits des poêles ou si l'on éteignait le feu des cheminées, le froid pénétrerait dans les appartements. Les poêles se ferment donc dès le matin, aussitôt qu'on y a allumé le feu, et les cheminées tous les soirs dès qu'on l'y a éteint. Il en résulte que les ramoneurs, qui sont abonnés avec les propriétaires des maisons, grimpent sur les toits, et, sans même prévenir les locataires, font descendre dans la cheminée un fagot d'épines, dont une grosse pierre est le centre, et raclent avec cette espèce de balai la cheminée dans les deux tiers de sa longueur. Puis, quand la besogne supérieure est terminée, ils entrent dans la maison, pénètrent dans les appartements des locataires; et nettoient à leur tour la partie basse des conduits. Ceux qui sont habitués ou prévenus savent ce dont il s'agit et ne s'en préoccupent aucunement. Malheureusement on avait oublié de me mettre au fait, et comme c'était la première fois que le pauvre diable de ramoneur entrait chez moi pour y exercer son industrie, il avait failli être victime de ma promptitude à le mal juger.

Le lendemain, j'eus la preuve que le voisin ne m'avait dit que la vérité. Mon hôtesse entra chez moi dès le matin, et me dit qu'il y avait en bas un ramoneur qui réclamait sa lanterne.

A trois heures de l'après-midi, le comte Alexis vint me prendre dans son traîneau, qui était tout bonnement une excellente caisse de coupé montée sur patins, et nous nous acheminâmes avec une merveilleuse rapidité vers le rendez-vous de chasse, qui était une maison de campagne de M. de Nariskin, distante de dix ou douze lieues de Saint-Pétersbourg, et située au milieu de bois très épais; nous y arrivâmes à cinq heures, et nous trouvâmes presque tous les chasseurs arrivés. Au bout de quelques instants la réunion se compléta, et l'on annonça que le dîner était servi. Il faut avoir vu un dîner chez un grand seigneur russe pour se faire une idée du point où peut être porté le luxe de la table. Nous étions à la moitié de décembre, et la première chose qui me frappa fut, au milieu du surtout qui couvrait la table, un magnifique cerisier, tout chargé de cerises, comme en France à la fin de mai. Autour de l'arbre, des oranges, des ananas, des figues et des raisins s'élevaient en pyramides et complétaient un dessert qu'il eût été difficile de se procurer à Paris au mois de septembre. Je suis sûr que le dessert seul coûtait plus de trois mille roubles.

Nous nous mîmes à table; dès cette époque on avait adopté à Saint-Pétersbourg cette excellente coutume de faire découper par des maîtres-d'hôtel, et de laisser les convives se servir à boire eux-mêmes : il en résulte que, comme les Russes sont les premiers buveurs du monde, il y avait entre chacun des convives, au reste confortablement espacés, cinq bouteilles de vins différents, des meilleurs crus, de Bordeaux, d'Épernay, de Madère, de Constance et de Tokay; quant aux viandes, elles étaient tirées, le veau d'Archangel, le bœuf de l'Ukraïne, et le gibier de partout.

Après le premier service, le maître-d'hôtel entra tenant sur un plat d'argent deux poissons vivants et qui m'étaient inconnus. Aussitôt tous les convives poussèrent un cri d'admiration : c'étaient deux sterlets. Or, comme les sterlets, ne se pêchent que dans le Volga, et que la partie la plus rapprochée du cours du Volga coule à plus de trois cent cinquante lieues de Saint-Pétersbourg, il avait fallu, attendu que ce poisson ne peut vivre que dans l'eau maternelle, il avait fallu (que nos Grimaud de la Reinière comprennent bien cela et se pendent!) percer la glace du fleuve, pêcher dans ses profondeurs deux de ses habitants, et pendant cinq jours et cinq nuits de voyage les maintenir dans une voiture fermée, et chauffée à une température qui ne permît pas à l'eau du fleuve de se geler.

Aussi avaient-ils coûté chacun huit cents roubles; plus de seize cents francs les deux. Potemkim, de fabuleuse mémoire, n'aurait pas fait mieux!

Dix minutes après ils reparurent sur la table, mais cette fois si bien cuits à point, que les éloges se partagèrent entre l'amphitryon qui les avait fait pêcher et le maître-d'hôtel qui les avait fait cuire, puis vinrent les primeurs, petits pois, asperges, haricots verts, toutes choses ayant véritablement la forme de l'objet qu'elles avaient la prétention de représenter, mais dont le goût uniforme et aqueux protestait contre la forme.

On ne quitta la table que pour passer au salon où les tables de jeu étaient dressées; comme je n'étais ni assez pauvre ni assez riche pour avoir cette passion, je regardai faire les autres. A minuit, c'est-à-dire à l'heure ou j'allai me coucher, il y avait déjà, de part et d'autre, trois cent mille roubles et vingt-cinq mille paysans de perdus.

Le lendemain au point du jour, on vint me réveiller. Les piqueurs avaient connaissance de cinq ours détournés dans un bois qui pouvait avoir une lieue de tour. J'appris cette nouvelle, tout agréable qu'on me la croyait être, avec un léger frissonnement. Si brave que l'on soit, on éprouve toujours quelque inquiétude à aborder un ennemi inconnu, et avec lequel on doit se rencontrer pour la première fois.

Je n'en revêtis pas moins gaillardement mon costume, qui était établi de manière à ce que je n'avais rien à craindre du froid. D'ailleurs, comme pour prendre part à la fête, le soleil était magnifique, et la température qui s'adoucissait à ses rayons, ne marquait pas, à cette heure matinale, plus de quinze degrés, ce qui, vers midi, en promettait sept ou huit seulement.

Je descendis et trouvai tous nos chasseurs prêts et dans un costume uniforme, sous lequel nous avions grand peine à nous reconnaître nous-mêmes. Des traîneaux tout attelés nous attendaient; nous y montâmes; dix minutes après, nous étions au rendez-vous.

C'était une charmante maison de paysan russe, toute en bois et faite à la hache, avec son grand poêle et son saint patron, que chacun de nous salua dévotement selon la coutume, en passant le seuil de la porte. Un déjeûner substantiel nous attendait : chacun y fit honneur ; mais je remarquai que, contrairement à leurs habitudes, aucun de nos chasseurs ne buvait. C'est qu'on ne se grise pas avant un duel, et que la chasse que nous allions entreprendre est un véritable duel.

Vers la fin du déjeûner, le piqueur parut à la porte, ce qui voulait dire qu'il était temps de se mettre en route. A la porte, on nous remit à chacun une carabine toute chargée, que nous devions porter en banderole, mais dont nous ne devions faire usage qu'en cas de danger. Outre cette carabine, chacun de nous reçut encore cinq ou six plaques de fer-blanc que l'on jette à l'ours, et dont le son et l'éclat ont pour but de l'irriter.

Au bout de cent pas nous trouvâmes l'enceinte ; elle était entourée par la musique de M. de Nariskin, la même que j'avais entendue sur la Néva pendant les belles nuits d'été. Chaque homme tenait à la main son cor, prêt à pousser sa note. L'enceinte tout entière était entourée ainsi, de manière à ce que les ours, de quelque côté qu'ils se présentassent, fussent repoussés par le bruit. Entre chaque musicien, il y avait un piqueur, un valet ou un paysan avec un fusil chargé à poudre seulement, de peur qu'une des balles ne vînt nous atteindre, le bruit des coups de feu devant se joindre à celui des instruments si les ours tentaient de forcer. Nous franchîmes cette ligne, et nous entrâmes dans l'enceinte.

A l'instant même le bois fut enveloppé d'un cercle d'harmonie qui fit sur nous le même effet que la musique militaire doit faire sur les soldats au moment de la bataille ; si bien que moi-même je me sentis tout transporté d'une ardeur belliqueuse dont, cinq minutes auparavant, je ne me serais pas cru capable.

J'étais placé entre le piqueur de M. de Nariskin, qui devait à mon inexpérience l'honneur de prendre part à la chasse, et le comte Alexis, sur lequel j'avais promis à Louise de veiller, et qui, au contraire, veillait sur moi. Il avait à sa gauche le prince Nikita Mouravieff, avec lequel il était extrêmement lié; et au-delà du prince Nikita Mouravieff, je pouvais encore apercevoir, à travers les arbres, M. de Nariskin. Au-delà je ne voyais rien.

Nous marchions ainsi depuis dix minutes à peu près, lorsque les cris *medvede*, *medvede**, retentirent, accompagnés de quelques coups de feu. Un ours qui s'était levé au bruit des cors avait probablement apparu sur la lisière, et était repoussé à la fois par les piqueurs et les musiciens. Mes deux voisins me firent de la main signe d'arrêter, et chacun de nous se tint sur ses gardes. Au bout d'un instant nous entendîmes devant nous le froissement des

---

* *Medvede*, mot composé de *med*, qui veut dire miel, et *vede*, qui sait ; littéralement *qui sait le miel* ; l'animal ayant reçu son nom de l'adresse qu'il a reçue de la nature à découvrir son mets favori.

broussailles accompagné d'un grognement sourd. J'avoue qu'à ce bruit, qui paraissait s'approcher de mon côté, je sentis, malgré le froid qu'il faisait, la sueur me monter au front. Mais je regardai autour de moi; mes deux voisins faisaient bonne contenance; je fis comme eux. En ce moment l'ours parut, sortant la tête et la moitié du corps d'un buisson d'épines situé entre moi et le comte Alexis.

Mon premier mouvement fut de lâcher mon poignard et de prendre mon fusil, car l'ours étonné nous regardait tour à tour, et paraissait encore indécis vers lequel de nous deux il s'avancerait; mais le comte ne lui donna pas le temps de choisir. Jugeant que je ferais quelque maladresse, il voulut attirer à lui l'ennemi, et, s'approchant de quelques pas, afin de gagner une espèce de clairière où il n'était plus libre de ses mouvements, il lui jeta au nez une des plaques de fer-blanc qu'il tenait à la main. L'ours aussitôt se jeta dessus d'un seul bond, et avec une légèreté incroyable, prit la plaque entre ses griffes, puis la tordit en grognant. Le comte alors fit encore un pas vers lui, et lui en jeta une seconde; l'ours la saisit comme fait un chien de la pierre qu'on lui lance, et la broya entre ses dents. Le comte, pour augmenter sa colère, lui en jeta une troisième; mais cette fois, comme s'il eût compris que c'était une folie à lui de s'acharner à un objet inanimé, il laissa dédaigneusement la plaque tomber à côté de lui, tourna sa tête vers le comte, poussa un rugissement terrible, fit vers lui quelques pas au trot, de manière qu'ils ne se trouvèrent plus qu'à une dizaine de pieds l'un de l'autre. En ce moment le comte fit entendre un coup de sifflet aigu. A ce bruit l'ours se dressa aussitôt sur ses pattes de derrière : c'était ce qu'attendait le comte ; il se jeta sur l'animal, qui étendit ses deux bras pour l'étouffer; mais avant même qu'il ait eu le temps de les rapprocher, l'ours jeta un cri de douleur, et faisant trois pas en arrière, en chancelant comme un homme ivre, il tomba mort. Le poignard lui avait traversé le cœur.

Je courus au comte pour lui demander s'il n'était point blessé, et je le trouvai calme et froid, comme s'il venait de couper le jarret à un chevreuil. Je ne comprenais rien à un pareil courage ; j'étais tout tremblant, moi, pour avoir assisté seulement à ce combat.

— Vous voyez comme il faut faire, me dit le comte, ce n'est pas plus difficile que cela. Aidez-moi à le retourner ; je lui ai laissé le poignard dans la blessure, afin de vous donner la leçon entière.

L'animal était tout à fait mort. Nous le retournâmes avec peine, car il devait bien peser quatre cents, étant un ours noir de la grande espèce. Il avait effectivement le poignard enfoncé jusqu'au manche dans la poitrine. Le comte le retira, et plongea la lame deux ou trois fois dans la neige pour la nettoyer. En ce moment nous entendîmes de nouveaux cris, et nous vîmes à travers les branches, le chasseur qui était à la gauche de M. de Nariskin aux prises à son tour avec un ours. La lutte fut un peu plus longue; mais enfin l'ours tomba comme le premier.

Cette double victoire, que je venais de voir remporter sous mes yeux, m'avait exalté; la fièvre qui me brûlait le sang avait écarté toute crainte. Je me sentais la force d'Hercule Néméen, et je demandais à mon tour à faire mes preuves.

L'occasion ne se fit pas attendre. A peine avions-nous fait deux cents pas depuis l'endroit où nous avions laissé les deux cadavres, que je crus apercevoir le haut du corps d'un ours, à moitié sorti de sa tanière, placée entre deux rochers. Un instant je fus incertain, et pour me tirer d'incertitude, je jetai bravement vers l'objet, quel qu'il fût, une de mes plaques d'étain. La preuve fut décisive : l'ours releva ses lèvres, me montra deux rangées de dents blanches comme la neige, et fit entendre un grognement. A ce grognement, mes voisins de droite et de gauche s'arrêtèrent, apprêtant leur carabine, afin de me prêter secours si besoin était, car ils virent bien que celui-là était pour moi.

Le mouvement que je leur vis faire de mettre la main à leur fusil me fit penser que j'étais autorisé à me servir du mien ; d'ailleurs j'avoue que j'avais plus de confiance dans cette arme que dans mon poignard. Je le passai donc à ma ceinture, et, prenant à mon tour ma carabine, j'ajustai l'animal avec tout le sang-froid que je pus appeler à mon aide; lui, de son côté me fit beau jeu en ne bougeant pas; enfin, quand je le vis bien au bout de mon canon, j'appuyai le doigt sur la gachette, et le coup partit.

Au même instant un rugissement terrible se fit entendre. L'ours se dressa, battant l'air d'une de ses pattes, tandis que l'autre, brisée à l'épaule, pendait le long de son corps. J'entendis en même temps mes deux voisins me crier : Garde à vous! En effet, l'ours, comme s'il fût revenu d'un premier mouvement de stupéfaction, vint droit à moi, avec une telle rapidité, malgré son épaule cassée, que j'eus à peine le temps de tirer mon poignard. Je raconterai mal ce qui se passa alors, car tout fut rapide comme la pensée. Je vis l'animal furieux se dresser devant moi, la gueule toute ensanglantée. De mon côté, je lui portai de toute ma force, un coup terrible; mais je rencontrai une côte, et le poignard dévia; je sentis alors peser comme une montagne sa patte sur mon épaule, je pliai les jarrets et tombai à la renverse sous mon adversaire, le saisissant instinctivement au cou de mes deux mains et réunissant toutes mes forces pour éloigner sa gueule de mon visage. Au même instant, deux coups de feu partirent, j'entendis le sifflement des balles, puis un bruit mat. L'ours poussa un cri de douleur et s'affaissa de tout son poids sur moi. Je réunis toutes mes forces, et me jetant de côté, je me trouvai dégagé. Je me relevai aussitôt pour me remettre en défense, mais c'était inutile, l'ours était mort; il avait reçu à la fois la balle du comte Alexis derrière l'oreille et celle du piqueur au défaut de l'épaule. Quant à moi, j'étais couvert de sang, mais je n'avais pas la moindre blessure.

Tout le monde accourut, car du moment où l'on avait su que j'étais aux prises avec un ours, chacun avait craint que la chose ne tournât mal pour moi. Ce fut donc avec une grande joie que l'on me vit sur mes pieds près de mon ennemi mort.

Ma victoire, toute partagée qu'elle était, ne m'en fit pas moins grand honneur, car je ne m'en étais pas encore tiré trop mal pour un débutant. L'ours, comme je l'ai dit, avait l'épaule cassée par ma balle, et mon poignard, tout en glissant sur une côte, lui était remonté jusque dans la gorge : la main ne m'avait donc pas tremblé ni de loin ni de près.

Les deux autres ours, qui avaient été reconnus dans l'enceinte, ayant forcé nos musiciens et nos piqueurs, la chasse se trouva terminée ; on traîna les cadavres jusque dans le chemin et on procéda au dépouillement des morts, puis on leur coupa les quatre pattes qui, considérées comme la partie la plus friande, devaient nous être servies à dîner.

Nous revînmes au château avec nos trophées. Un bain parfumé attendait chacun de nous dans sa chambre, et ce n'était pas chose inutile après être resté, comme nous l'avions fait, tout une demi-journée enveloppés dans nos fourrures. Au bout d'une demi-heure, la cloche nous avertit qu'il était temps de descendre à la salle à manger.

Le dîner n'était pas moins somptueux que la veille, à part les sterlets, qui étaient remplacés par les pattes d'ours. C'étaient nos piqueurs qui, réclamant leurs droits, les avaient fait cuire, au détriment du maître-d'hôtel, et cela tout bonnement dans un four creusé en terre, au milieu des braises ardentes et sans préparation aucune. Aussi, quand je vis paraître ces espèces de charbons informes et noircis, je me sentis peu de goût pour ce singulier mets ; on ne m'en passa pas moins ma patte comme aux autres, et, résolu de suivre l'exemple jusqu'au bout, j'enlevai avec la pointe de mon couteau, la croûte brûlée qui la couvrait, et j'arrivai à une chair parfaitement cuite dans son jus, et sur le compte de laquelle je revins dès la première bouchée. C'était une des plus savoureuses choses que l'on pût manger.

En remontant dans mon traîneau j'y trouvai la peau de mon ours qu'y avait courtoisement fait porter M. de Nariskin.

XI

Nous retrouvâmes Saint-Pétersbourg dans les préparatifs de deux grandes fêtes qui se suivent à quelques jours de distance; je veux parler du jour de l'an et de la bénédiction des eaux : la première toute mondaine, la seconde toute religieuse.

Le premier jour de l'an, en vertu de la

coutume qui fait que les Russes appellent l'empereur *père* et l'impératrice *mère*, l'empereur et l'impératrice reçoivent leurs enfants. Vingt-cinq mille billets sont jetés comme au hasard par les rues de Saint-Pétersbourg, et les vingt-cinq mille invités, sans distinction de rangs, sont admis le même soir au palais d'Hiver.

Quelques rumeurs sinistres avaient couru ; on disait que la réception n'aurait pas lieu cette année, car des bruits d'assassinat s'étaient répandus, malgré le silence ténébreux et profond que garde la police en Russie. C'était encore cette conspiration inconnue, serpent aux mille replis et aux dards mortels, qui levait la tête, menaçait, puis, rentrant aussitôt dans l'ombre, se cachait à tous les regards. Mais bientôt les craintes se dissipèrent, du moins celle des curieux, l'empereur ayant dit positivement au grand-maître de la police qu'il désirait que tout se passât comme d'habitude, quelque facilité qu'offrit pour l'exécution d'un meurtre le domino, dont, selon l'ancien usage, les hommes sont couverts dans cette soirée.

Il y a ceci, au reste, de remarquable en Russie, qu'à part les conspirations de famille, le souverain n'a rien à craindre que des grands, son double rang de pontife et d'empereur, qu'il a hérité des Césars, comme leur successeur oriental, le faisant sacré pour le peuple. D'ailleurs, dans tous les pays il en est ainsi, et c'est le côté sanglant de la civilisation. L'assassin, dans les temps de barbarie, reste dans la famille; de la famille il passe dans l'aristocratie, et de l'aristocratie il tombe dans le peuple. La Russie a donc encore des siècles à franchir avant d'avoir ses Jacques Clément, ses Damiens et ses Alibaud; elle n'en est qu'aux Pahlen et aux Ankastrœm.

Aussi était-ce parmi son aristocratie, dans son palais même, et jusque dans sa propre garde, qu'Alexandre, disait-on, devait trouver des assassins. On savait cela, on le disait du moins, et cependant, parmi les mains qui se tendaient vers l'empereur, on ne pouvait distinguer les mains amies des mains ennemies; tel qui s'approchait de lui en rampant comme un chien, pouvait tout à coup se redresser et déchirer comme un lion. Il n'y avait qu'à attendre et à se confier en Dieu : c'est ce que fit Alexandre.

Le jour de l'an arriva. Les billets furent distribués comme de coutume; j'en avais dix pour un, tant mes écoliers s'étaient empressés à me faire voir cette fête nationale, si intéressante pour un étranger. A sept heures du soir, les portes du palais d'Hiver s'ouvrirent.

Je m'étais attendu surtout, d'après les bruits qui s'étaient répandus, à trouver les avenues du palais garnies de troupes; aussi mon étonnement fut-il grand de ne pas apercevoir une seule baïonnette de renfort; les sentinelles seules étaient, comme d'habitude, à leur poste; quant à l'intérieur du palais, il était sans gardes.

On devine, par l'entrée de notre spectacle gratis, ce que doit être le mouvement d'une foule huit fois plus considérable qui se précipite dans un palais vaste comme les Tuileries ; et cependant il est remarquable, à Saint-Pétersbourg, que le respect que l'on a instinctivement pour l'empereur empêche cette invasion de dégénérer en cohue bruyante. Au lieu de crier à qui mieux mieux, chacun, comme pénétré de son infériorité, et reconnaissant de la faveur qu'on lui accorde, dit à son voisin : Pas de bruit, pas de bruit.

Pendant qu'on envahit son palais, l'empereur est dans la salle Saint-Georges, où, assis près de l'impératrice et entouré des grands-ducs et des grandes-duchesses, il reçoit tout le corps diplomatique. Puis, tout à coup, quand les salons sont pleins de grands seigneurs et de Mougicks, de princesses et de grisettes, la porte de la salle Saint-Georges s'ouvre, la musique se fait entendre, l'empereur offre la main à la France, à l'Autriche ou à l'Espagne, représentées par leurs ambassadrices, et se montre à la porte. Alors chacun se presse, se retire ; le flot se sépare comme la mer rouge, et Pharaon passe.

C'était ce moment qu'on avait choisi, disait-on, pour l'assassiner, et il faut avouer, au reste, que c'était chose facile à faire.

Les bruits qui s'étaient répandus firent que je regardai l'empereur avec une nouvelle curiosité. Je m'attendais à lui trouver ce visage triste que je lui avais vu à Tzarko-Selo; aussi mon étonnement fut-il extrême quand je m'aperçus qu'au contraire jamais peut-être il n'avait été plus ouvert et plus riant. C'était, au reste, l'effet que produisait sur l'empereur Alexandre toute réaction morale contre un grand danger, et il avait donné de cette sérénité factice deux exemples frappants, l'un à un bal chez l'ambassadeur de France, M. de Caulaincourt, l'autre dans une fête à Zakret, près de Vilna.

M. de Caulaincourt donnait un bal à l'empereur, lorsqu'à minuit, c'est-à-dire lorsque les danseurs étaient au grand complet, on vint lui dire que le feu était à l'hôtel. Le souvenir du bal du prince Schwartzemberg, interrompu par un accident pareil, se présenta aussitôt à l'esprit du duc de Vicence, avec le souvenir de toutes les conséquences fatales qui en avaient été la suite, conséquences qui furent bien plutôt causées par la terreur qui rendit chacun insensé, que par le danger lui-même. Aussi le duc, voulant tout voir lui-même, plaça-t-il à chaque porte un aide-de-camp, avec ordre de ne laisser sortir personne; et, s'approchant de l'empereur : — Sire, lui dit-il tout bas, le feu est à l'hôtel ; je vais voir ce que c'est par moi-même ; il est important que personne ne le sache avant qu'on connaisse la nature et l'étendue du danger. Mes aides-de-camp ont ordre de ne laisser sortir personne, que votre majesté et leurs altesses impériales les grands-ducs et les grandes-duchesses. Si votre majesté veut donc se retirer, elle le peut; seulement, je lui ferai observer qu'on ne croira pas au feu tant qu'on la verra dans les salons.

— C'est bien, dit l'empereur, allez; je reste.

M. de Caulaincourt courut à l'endroit où l'incendie venait de se déclarer. Comme il l'avait prévu, le danger n'était pas aussi grand qu'au premier abord on aurait pu le craindre, et le feu céda bientôt sous les efforts réunis des serviteurs de la maison. Aussitôt l'ambassadeur remonta dans les salons et trouva l'empereur dansant une polonaise. M. de Caulaincourt et lui se contentèrent d'échanger un regard.

— Eh bien? demanda l'empereur après la contredanse.

— Sire, le feu est éteint, répondit M. de Caulaincourt; et tout fut dit. Le lendemain seulement, les invités de cette splendide fête apprirent que pendant une heure ils avaient dansé sur un volcan.

A Zakret, ce fut bien autre chose encore; car l'empereur jouait là non-seulement sa vie, mais encore son empire. Au milieu de la fête, on vint lui annoncer que l'avantgarde française venait de passer le Niémen, et que l'empereur Napoléon, son hôte d'Erfurth, qu'il avait oublié d'inviter, pouvait d'un moment à l'autre entrer dans la salle de bal, suivi de six cent mille danseurs. Alexandre donna ses ordres tout en paraissant causer de choses indifférentes avec ses aides-de-camp, continua de parcourir les salles, de vanter les illuminations, dont la lune, qui venait de se lever, était, disait-il, la plus belle pièce, et ne se retira qu'à minuit, au moment où le souper, servi sur de petites tables, en occupant tous les convives, lui permettait de leur dérober facilement son absence. Nul, pendant toute la soirée, n'avait aperçu sur son front la moindre trace d'inquiétude, de sorte que ce ne fut que par l'arrivée même des Français que l'on apprit leur présence.

Comme on le voit, l'empereur avait retrouvé, si souffrant et si mélancolique qu'il fut à l'époque où nous sommes arrivés, c'est-à-dire au 1ᵉʳ janvier 1825, sinon toute son ancienne sérénité, du moins son ancienne énergie. il parcourut comme d'habitude toutes les salles, conduisant l'espèce de galop que j'ai déjà dit et suivi de sa cour. Je me laissai à mon tour entraîner par le flot, qui revint à son lancé vers les neuf heures, après avoir fait le tour du palais.

A dix heures, comme l'illumination de l'Ermitage était terminée, les personnes qui avaient des billets pour le spectacle particulier furent invitées à s'y rendre.

Comme j'étais du nombre des privilégiés, je me dégageai à grand' peine de la foule, duchesses, les ambassadeurs, les ambassadrices, les officiers de la couronne et les dames d'honneur prirent place à la table du milieu ; le reste des invités, qui se composait de six cents convives à peu près appartenant tous à la première noblesse, s'assit aux deux autres tables. L'empereur seul resta debout, circulant entre les tables, et s'adressant tour à tour à quelqu'un de ses convives, qui selon les règles de l'étiquette, lui répondait sans se lever.

Je ne puis dire l'effet que produisit sur les autres assistants ce coup-d'œil magique de cet empereur, de ces grands ducs, de ces grandes duchesses, de ces seigneurs et de ces femmes, les uns couverts d'or et de broderies, les autres ruisselantes de diamants, vus ainsi au milieu d'un palais de cristal; mais je sais que, quant à moi, je n'avais jamais éprouvé jusqu'alors, et je n'éprouvai jamais depuis, une pareille sensation de grandeur. J'ai vu plus tard quelques-unes de nos fêtes royales; patriotisme à part, je dois avouer la supériorité de celle-là.

Le banquet fini, la cour quitta l'Ermitage, et reprit le chemin de la salle Saint-George. A une heure, la musique donna le signal d'une seconde polonaise qui passa comme la première, conduite par l'empereur. C'étaient ses adieux à la fête, car aussitôt cette polonaise finie, il se retira.

J'avoue que je reçus la nouvelle de sa retraite avec plaisir; toute la soirée j'avais eu le cœur serré de crainte en songeant qu'une si magnifique fête pouvait, d'un moment à l'autre, être ensanglantée, quoiqu'il me parut impossible, en voyant une si grande confiance témoignée par le souverain à son peuple, ou plutôt par le père à ses enfants, que le poignard ne tombât des mains du meurtrier, quel qu'il fût.

L'empereur retiré, la foule s'écoula peu à peu; il faisait 40 degrés de chaleur dans le palais et 20 degrés de froid au dehors. C'était une différence de 60 degrés. En France, nous aurions su huit jours après combien de personnes étaient mortes victimes de cette brusque et violente transition, et l'on aurait trouvé moyen de rejeter la faute sur le souverain, sur les ministres ou sur la police, ce qui eût fourni aux philanthropes de la presse une polémique merveilleuse. A Saint-Pétersbourg, on ne sait rien, et grâce à ce silence, les fêtes joyeuses n'ont pas de tristes lendemains.

Quant à moi, grâce à un domestique qui eut, chose rare, l'intelligence de rester où je lui avais dit de m'attendre, grâce à un triple manteau de fourrures et à un traîneau bien fermé, je regagnai sans encombre le canal Catherine.

La seconde fête, qui était celle de la bénédiction des eaux, empruntait encore cette année une nouvelle solennité au désastre terrible qu'avait amené avec elle l'inondation récente de la Néva. Aussi, depuis quinze jours à peu près, les préparatifs de la cérémonie se faisaient-ils avec une pompe et une activité visiblement mêlés de cette crainte religieuse entièrement inconnue à nous autres peuples sans croyance. Ces préparatifs consistaient dans l'érection sur la Néva d'un grand pavillon de forme circulaire, percé de huit ouvertures, décoré de quatre grands tableaux et couronné d'une croix; on s'y rendait par une jetée établie en face de l'Ermitage, et au milieu du plancher de glace de l'édifice, on devait percer, le matin même de la fête, une grande ouverture pour que le prêtre pût arriver jusqu'à l'eau, ou plutôt pour que l'eau pût remonter jusqu'au prêtre.

Le jour qui devait apaiser la colère du

fleuve, arriva enfin. Malgré le froid, qui était d'une vingtaine de degrés, dès neuf heures du matin, les quais étaient garnis de spectateurs; quant au fleuve, il disparaissait entièrement sous la multitude des curieux. J'avoue que je n'osai prendre place parmi eux, tremblant que, quelle que fût sa force et son épaisseur, la glace ne se brisât sous un pareil poids. Je me glissai donc comme je pus, et après trois quarts d'heure de travail, pendant lesquels on me prévint deux fois que mon nez gelait, j'arrivai jusqu'au parapet de granit qui garnit le quai. Un vaste espace circulaire était réservé autour du pavillon.

A onze heures et demie, l'impératrice et

les grandes duchesses, en prenant place sur un des balcons vitrés du palais, annoncèrent à la foule que le *Te Deum* était fini. En effet, on vit déboucher du Champ-de-Mars toute la garde impériale, c'est-à-dire quarante mille hommes à peu près qui vinrent au son de la musique militaire se ranger en bataille sur le fleuve, s'étendant sur une triple ligne depuis l'ambassade française jusqu'à la forteresse. Au même instant la porte du palais s'ouvrit, les bannières, les saintes images et les chantres de la chapelle parurent, précédant le clergé conduit par le pontife; puis vinrent les pages et les drapeaux des divers régiments de la garde portés par les sous-officiers; puis enfin l'empereur ayant à sa droite le grand-duc Nicolas, et à sa gauche le grand-duc Michel, et suivi des grands officiers de la couronne, des aides-de-camp et des généraux.

Dès que l'empereur fut arrivé à la porte du pavillon, presque entièrement rempli par le clergé et les porte-drapeaux, le métropolitain donna le signal, et à l'instant même les chants sacrés, entonnés par plus de cent voix d'hommes et d'enfants, sans aucun accompagnement instrumental, retentirent avec une telle harmonie, que je ne me rappelle pas avoir jamais entendu d'aussi merveilleux accents. Pendant tout le temps que dura la prière, c'est-à-dire pendant vingt minutes à peu près, l'empereur, sans fourrures, avec l'uniforme seulement, demeura debout, immobile et la tête nue, bravant un climat plus puissant que tous les empereurs du monde, et courant un danger plus réel que s'il se fut trouvé en face de cent bouches à feu sur le devant d'une ligne de bataille. Cette imprudence religieuse était d'autant plus effrayante pour les spectateurs enveloppés de leurs manteaux et la tête couverte de leurs bonnets fourrés, que, quoique jeune encore, l'empereur était presque chauve.

Aussitôt ce second *Te Deum* achevé, le métropolitain prit une croix d'argent des mains d'un enfant de cœur, et au milieu de toute la foule agenouillée, bénit à haute voix le fleuve, en plongeant la croix par l'ouverture faite à la glace et qui permettait à l'eau de monter jusqu'à lui. Il prit un vase qu'il remplit de cette eau bénite et qu'il présenta à l'empereur. Après cette cérémonie vint le tour des drapeaux.

Au moment où les étendards s'inclinaient à leur tour pour recevoir la bénédiction, une fusée partit du pavillon et jeta dans les airs sa blanche fumée. Au même instant une détonation terrible se fit entendre ; c'était toute l'artillerie de la fortresse, qui, avec sa voix de bronze, chantait à son tour le *Te Deum*.

Les salves se renouvelèrent trois fois pendant la bénédiction. A la troisième, l'empereur se couvrit et reprit le chemin du palais. Dans ce trajet, il passa à quelques pas seulement de moi. Cette fois il était triste comme jamais je ne l'avais vu ; il savait qu'au milieu d'une fête religieuse il ne courait aucun danger, et il était redevenu lui-même.

A peine se fut-il éloigné, que le peuple, à son tour, se précipita dans le pavillon; les uns trempant leurs mains dans l'ouverture et faisant le signe de la croix avec l'eau nouvellement bénite, les autres en emportant de pleins vases, et quelques-uns même y plongeant leurs enfants tout entiers, convaincus que ce jour-là le contact du fleuve n'a rien de dangereux.

Le même jour, la même cérémonie se pratique à Constantinople; seulement là où l'hiver n'a point de souffle et la mer point de glaces, le patriarche monte sur une barque, jette dans l'eau bleue du Bosphore la croix sainte, qu'un plongeur rattrape avant qu'elle soit perdue dans ses profondeurs.

Presque immédiatement après les cérémonies saintes viennent les joies profanes, dont la croûte hivernale du fleuve doit encore être le théâtre; seulement celles-là sont subordonnées entièrement au caprice de la température. Souvent, lorsque toutes les baraques sont dressées, toutes les dispositions faites, que l'emplacement des courses n'attend plus que ses chevaux, et que les montagnes russes n'attendent plus que leurs glisseurs, la girouette dérouillée tourne tout à coup à l'ouest; des bouffées de vent humide arrivent du golfe de Finlande, la glace suinte et la police intervient; aussitôt, au grand désespoir de la population de Saint-Pétersbourg, les baraques sont démolies et transportées sur le Champs-de-Mars. Mais quoique ce soit absolument la même chose, et que la foule y retrouve les mêmes amusements, n'importe, le carnaval est manqué. Le Russe est pour sa Néva comme le Napolitain pour son Vésuve : s'il cesse de fumer, on craint qu'il ne soit éteint, et le lazzarone aime mieux le voir mortel que mort.

Heureusement il n'en fut point ainsi pendant le glorieux hiver de 1825, et pas un instant il n'y eut, grâce à Dieu, crainte de dégel ; aussi, tandis que quelques bals aristocratiques préludaient aux joies populaires, des baraques nombreuses com-

mencèrent-elles à se dresser en face de
l'ambassade de France, s'étendant presque d'un quai à l'autre, c'est-à-dire sur
une largeur de plus de deux mille pas.
Les montagnes russes ne demeurèrent
point en retard, et, à mon grand étonnement, me parurent beaucoup moins élégantes que leurs imitations parisiennes :
c'est tout bonnement une descente cintrée de cent pieds de hauteur et de quatre
cents pieds de long, formée par des planches, sur lesquelles on jette alternativement de l'eau et de la neige jusqu'à ce
qu'il s'y forme une croûte de glace de six
pouces à peu près. Quant au traîneau,
c'est tout bonnement une planche formant
retour à l'une de ses extrémités, et ressemblant tout-à-fait, pour la forme, aux

crochets à l'aide desquels nos commissionnaires portent leur fardeaux. Les conducteurs vont dans la foule, tenant leur planche sous le bras et recrutant des amateurs. Lorsqu'ils ont trouvé une pratique, ils montent avec elle par l'escalier qui conduit au sommet, et qui est pratiqué sur le versant opposé à la descente ; le glisseur ou la glisseuse s'assied sur le devant, les pieds appuyés au rebord ; le conducteur s'accroupit derrière, et dirige son traîneau avec une adresse d'autant plus nécessaire, que les deux côtés de la montagne étant sans garde-fous, on serait précipité si la planche déviait dans sa course. Chaque course coûte un kopeck, c'est-à-dire un peu moins de deux liards de notre monnaie.

Les autres divertissements ressemblent fort à ceux de nos fêtes dans les Champs-Élysées les jours de réjouissance publique; ce sont des alcides de tous les pays, des cabinets de cire, des géantes et des naines, le tout annoncé par des musiques féroces et des bobêches cosmopolites. Autant que j'en pus juger par les gestes, les parades, à l'aide desquelles ils appelaient les chalands, avaient avec les nôtres de grandes ressemblances, quoique toutes se distinguassent par des détails particuliers au pays. Une des plaisanteries qui me parurent avoir le plus de succès est celle que l'on fait à un bon père de famille, impatient de revoir son dernier né qui doit arriver le jour même du village où il a été envoyé. Bientôt la nourrice paraît tenant le marmot si complètement emmaillotté qu'on n'aperçoit que le bout d'un petit museau noir. Le père, ravi de revoir sa progéniture, qui pousse force grognements, trouve que c'est tout son portrait pour le physique, et sa mère pour l'amabilité. A ce mot, la mère monte et entend le compliment; le compliment amène une discussion, la discussion une rixe; le marmot, tiraillé des deux côtés, se démaillotte; un ourson apparaît aux grands applaudissements de la multitude, et le père commence à s'apercevoir qu'on lui a changé son enfant en nourrice.

Pendant la dernière semaine du carnaval, des mascarades nocturnes parcourent les rues de Saint-Pétersbourg, allant de maisons en maisons intriguer, comme cela se fait dans nos villes de province. Alors un des déguisements les plus généralement adoptés est celui de Parisien. Il consiste en un habit pincé à longs pans, en un col de chemise outrageusement empesé, et qui dépasse la cravate de trois ou quatre pouces; en une perruque bouclée, en un énorme jabot et en un petit chapeau de paille; la caricature se complète par force breloques et chaînes pendantes autour du cou et jouant à la ceinture. Malheureusement, dès que les masques sont reconnus, la liberté cesse, l'étiquette reprend ses droits et le polichinelle redevient excellence, ce qui ne laisse pas d'ôter quelque piquant à l'intrigue.

Quant au peuple, comme pour se dédommager d'avance des austérités du grand carême, il s'empresse d'avaler tout ce qu'il peut en viande et en liqueurs; mais dès que la mi-nuit du dimanche au lundi gras sonne, on passe de l'orgie au jeûne, et cela avec une telle conscience, que les restes du repas interrompu au premier coup de l'horloge sont déjà jetés aux chiens quand sonne le dernier. Alors tout change, les gestes lascifs deviennent des signes de croix, et les bacchanales se transforment en prières. On allume des cierges devant l'image du patron de la maison, et les églises, désertes jusque-là et qu'on semblait avoir totalement oubliées, deviennent du jour au lendemain trop petites.

Cependant ces fêtes, si brillantes qu'elles soient encore aujourd'hui, sont fort dégénérées en comparaison de ce qu'elles étaient autrefois. En 1740, par exemple, l'impératrice Anne Ivanowna résolut de surpasser tout ce qu'on avait fait jusqu'alors en ce genre, et voulut donner une de ces fêtes comme une impératrice de Russie peut seule en donner. Elle fixa à cet effet les noces de son bouffon aux derniers jours du carnaval et envoya l'ordre à chaque gouverneur de lui envoyer, pour paraître à cette cérémonie, un couple de chaque espèce d'habitant de son district, dans leur costume national et avec l'équipage qui leur était propre. Les ordres de l'impératrice furent ponctuellement exécutés, et au dit jour, la puissante souveraine vit arriver une députation de cent peuples différents, dont quelques-uns lui étaient à peine connus de nom. C'étaient les Kamtchadales et les Lapons, dans des traîneaux tirés, les uns par des chiens, et les autres par des rennes. C'étaient le Kalmouk sur ses vaches, le Buchar sur ses chameaux, l'Indien sur ses éléphants et l'Ostiak sur ses patins. Alors, et pour la première fois, se trouvèrent face à face, arrivant des extrémités de l'empire, le roux Finnois et le Circassien aux cheveux noirs, le géant Ukrainien et le pygmée Samoyède; enfin, l'ignoble Baschkir, que son voisin le Kirghis appelle *Istaki*, c'est-à-dire sale, et le bel habitant de la Géorgie et de l'Iaroslave, dont les filles font l'honneur des harems de Constantinople et de Tunis.

« A mesure qu'il arrivait, chaque député de chaque peuple était rangé, selon le pays qu'il habitait, sous l'une des quatre bannières qui l'attendaient; la première représentait le printemps, la seconde l'été, la troisième l'automne, la quatrième l'hiver; puis, lorsque tous furent au rendez-vous, un matin, l'étrange cortège commença de défiler dans les rues de Saint-Pétersbourg, où, pendant huit jours, cette procession chaque jour renouvelée n'était point encore parvenue à satisfaire la curiosité publique.

Enfin parut le jour de la cérémonie nuptiale. Les nouveaux mariés, après avoir entendu la messe à la chapelle du château, se rendirent, accompagnés de leur escorte burlesque, au palais que leur avait fait préparer l'impératrice, et qui était digne, par sa bizarrerie, du reste de la fête. C'était un palais tout entier taillé dans la glace, long de cinquante-deux pieds et large de vingt, avec ses ornements extérieurs et intérieurs, avec ses tables, ses chaises, ses chandeliers, ses assiettes, ses statues et son lit nuptial transparents, ses galeries au-dessus du toît, son fronton au-dessus de la porte, le tout peint de façon à imiter parfaitement le marbre vert, et défendu par six canons de glace, dont l'un, chargé d'une livre et demie de poudre et d'un boulet, les salua à leur arrivée, et envoya son projectile percer à soixante-dix pas une planche de deux pouces d'épaisseur. Mais la pièce la plus curieuse de ce palais hivernal était un éléphant colossal monté par un Persan armé de toutes pièces et conduit par deux esclaves; plus heureux que son confrère de la Bastille, celui-ci, tantôt fontaine et tantôt fanal, faisait jaillir de sa trompe, le jour de l'eau, la nuit du feu; puis, de temps en temps, et comme c'est la coutume de ces animaux, il poussait, grâce à huit ou dix hommes qui s'introduisaient dans son corps vide par les pieds creusés, des cris terribles qui étaient entendus d'un bout à l'autre de Saint-Pétersbourg.

Malheureusement, de pareilles fêtes, même en Russie, sont éphémères. Le carême renvoya les cent peuples chez eux, et le dégel fit fondre le palais. Depuis lors on n'a rien vu de pareil, et à chaque année nouvelle le carnaval semble aller en s'attristant.

Celui de 1825 fut moins gai encore que de coutume, et sembla n'être que le spectre de ses joyeux devanciers : c'est que la mélancolie toujours croissante de l'empereur Alexandre s'était répandue à la fois sur la cour, qui craignait de lui déplaire, et sur le peuple, qui sans les connaître, partageait ses chagrins.

Comme quelques-uns ont dit que ces chagrins étaient des remords, racontons fidèlement ce qui les avait causés.

XII

A la mort de Catherine II, sa mère, Paul Ier monta sur le trône, dont il eût sans aucun doute été exilé à tout jamais, si son fils Alexandre avait voulu se prêter aux desseins que l'on avait sur lui. Longtemps exilé de la cour, toujours séparé de ses enfants, de l'éducation desquels leur aïeule s'était chargée, le nouvel empereur apportait dans l'administration des affaires suprêmes, si long temps régies par le génie de Catherine et le dévouement de Potemkin, un caractère méfiant, farouche et bizarre qui fit de la courte période pendant laquelle il demeura sur le trône un spectacle presque incompréhensible pour les peuples ses voisins et les rois ses frères.

Le cri lamentable qu'avait poussé Catherine II, après trente-sept heures d'agonie, avait proclamé dans le palais Paul Ier autocrate de toutes les Russies. A ce cri, l'impératrice Marie était tombée aux genoux de son mari avec ses enfants, et l'avait la première salué czar. Paul les avait relevés en les assurant de ses bontés impériales et paternelles. Aussitôt la cour, les chefs des départements et de l'armée, les grands seigneurs et les courtisans, étaient passés tour à tour devant lui, se prosternant par numéro d'ordre, chacun selon son rang et son ancienneté, et derrière eux, un détachement des gardes, conduits sous le palais, avaient, avec les officiers et les gardes arrivant de Gatchina, ancienne résidence de Paul, juré fidélité au souverain, que la veille ils gardaient encore, plutôt pour répondre de lui que pour lui faire honneur, et plutôt comme prisonnier que comme héritier de la couronne. A l'instant même les cris de commandement, le bruit des armes, le froissement des grosses bottes et le frémissement des éperons avaient retenti dans ces appartements où la grande Catherine venait de s'endormir pour toujours. Le lendemain Paul Ier avait été proclamé empereur, et son fils Alexandre czarewich, ou héritier présomptif du trône.

Paul arrivait au trône après trente-cinq ans de privations, d'exil et de mépris, et, à l'âge de quarante-trois ans, il se trouvait maître du royaume où la veille il n'avait qu'une prison. Pendant ces trente-cinq ans, il avait beaucoup souffert, et par conséquent beaucoup appris ; aussi apparut-il sur le trône les poches remplies de réglements rédigés pendant l'exil, réglements qu'il s'empressa avec une hâte étrange de mettre les uns après les autres, et quelquefois tous ensemble, à exécution.

D'abord, procédant d'une façon tout

opposée à celle de Catherine, pour laquelle sa rancune lentement aigrie et transformée en haine, perçait dans chaque action, il s'entoura de ses enfants, une des plus belles et des plus riches familles souveraines du monde, et créa le grand-duc Alexandre gouverneur militaire de Saint-Pétersbourg. Quant à l'impératrice Marie, qui avait jusqu'alors eu grandement à se plaindre de son éloignement, elle le vit avec un étonnement mêlé de crainte revenir à elle bon et affectueux. Ses revenus furent doublés, et cependant elle doutait encore; mais bientôt ses caresses accompagnèrent ses bienfaits, et alors elle crut; car c'était une sainte âme de mère et un noble cœur de femme.

familière et qui se révélait toujours au moment où elle était le plus inattendue, le premier ukase que rendit Paul fut pour arrêter une levée de recrues récemment ordonnée par Catherine, et qui enlevait par tout le royaume un serf sur cent. Cette mesure était plus qu'humaine, elle était politique; car elle acquérait à la fois au nouvel empereur la reconnaissance de la noblesse, sur laquelle pèse cette dîme militaire, et l'amour des paysans, qui la fournissent en nature.

Zoubow, le dernier favori de Catherine, croyait avoir tout perdu en perdant sa souveraine, et craignait non-seulement pour sa liberté; mais encore pour sa vie.

Par une manie d'opposition qui lui était

Paul Ier le fit venir, le confirma dans ses emplois, et lui dit en lui rendant la canne de commandant que porte l'aide-de-camp-général, et qu'il avait renvoyée : « Continuez à remplir vos fonctions près du corps de ma mère ; j'espère que vous me servirez aussi fidèlement que vous l'avez servie. »

Kosciusko avait été fait prisonnier ; il était consigné dans l'hôtel du feu comte d'Anhalt, et avait pour sa garde habituelle un major, qui ne le quittait jamais et mangeait avec lui. Paul alla le délivrer lui-même et lui annoncer qu'il était libre. Comme dans le premier moment, tout à l'étonnement et à la surprise, le général polonais avait laissé l'empereur se retirer sans lui faire tous les remerciements qu'il croyait lui devoir, il se fit à son tour porter au palais, la tête enveloppée de bandages; car il était encore affaibli et souffrant de ses blessures. Introduit devant l'empereur et l'impératrice, Paul lui offrit une terre et des paysans dans son royaume; mais Kosciusko refusa, et demanda en échange une somme d'argent, pour aller vivre et mourir où il voudrait. Paul lui donna 100,000 roubles, et Kosciusko alla mourir en Suisse.

Au milieu de toutes ces ordonnances, qui, trompant les craintes de tout le monde, présageaient un noble règne, le moment de rendre les honneurs funèbres à l'impératrice arriva. Alors Paul Ier résolut d'accomplir un double devoir filial.

Depuis trente-cinq ans, le nom de Pierre III n'avait été prononcé qu'à voix basse à Saint-Pétersbourg; Paul Ier se rendit dans le couvent de Saint-Alexandre-Nieuski, où le malheureux empereur avait été enterré; il se fit montrer par un vieux moine la tombe ignorée de son père, fit ouvrir le cercueil, s'agenouilla devant les restes augustes qu'il renfermait, et, tirant le gant qui couvrait la main du squelette, il le baisa plusieurs fois. Puis, lorsqu'il eut longtemps et pieusement prié près du cercueil, il le fit élever au milieu de l'église, et ordonna qu'on célébrât près des restes de Pierre les mêmes services qu'auprès du corps de Catherine, exposé sur son lit de parade dans une des salles du palais. Enfin, ayant découvert dans la retraite, où il vivait disgracié depuis le tiers d'un siècle, le baron Ungern-Hernberg, ancien serviteur de son père, il le fit appeler dans une salle du palais où était le portrait de Pierre III, et lorsque le vieillard fut venu : « Je vous ai fait appeler, lui dit-il, pour que, à défaut de mon père lui-même, ce portrait soit témoin de ma reconnaissance envers ses fidèles amis. » Et l'ayant conduit près de cette image, comme si ses yeux pouvaient voir ce qui allait se passer, il embrassa le vieux guerrier, le fit général en chef, lui passa le cordon de Saint-Alexandre-Newski au cou, et le chargea de faire le service auprès du corps de son père avec le même uniforme qu'il avait porté comme aide-de-camp de Pierre III.

Le jour de la cérémonie funèbre arriva ;

Pierre III n'avait jamais été couronné, et c'était sous ce prétexte qu'il avait été enterré comme un simple seigneur russe dans l'église de Saint-Alexandre-Nieuski. Paul Ier fit couronner son cercueil, et le fit transporter au palais pour être exposé près du corps de Catherine; de là les restes des deux souverains furent transportés à la citadelle, déposés sur la même estrade, et pendant huit jours, les courtisans par bassesse, et le peuple par amour, vinrent baiser la main livide de l'impératrice et le cercueil de l'empereur.

Au pied de cette double tombe, où il vint comme les autres, Paul Ier sembla avoir oublié sa piété et sa sagesse. Isolé dans son palais de Gatchina avec deux ou trois compagnies de gardes, il y avait pris l'habitude des petits détails militaires, et passait quelquefois des heures entières à brosser ses boutons d'uniforme avec le même soin et la même assiduité que Potemkin mettait à vergeter ses diamants. Aussi, dès le matin même de son avènement, tout avait pris une face nouvelle au palais, et le nouvel empereur avait commencé, avant de s'occuper des soins de l'état, à mettre à exécution tous les petits changements qu'il comptait introduire dans l'exercice et dans l'habillement du soldat. En conséquence, vers les trois heures de l'après-midi du même jour, il était descendu dans la cour pour faire manœuvrer ses soldats à sa manière et leur montrer à faire l'exercice à son goût.

Cette revue, qui se renouvela tous les jours, reçut de lui le nom de *wachtparade*, et devint non-seulement l'institution la plus importante de son gouvernement, mais encore le point central de toutes les administrations du royaume. C'était à cette parade qu'il publiait les rapports, donnait ses ordres, rendait ses ukases, et se faisait présenter ses officiers; c'était là qu'entre les deux grands-ducs Alexandre et Constantin, tous les jours pendant trois heures, quelque froid qu'il fît, sans fourrures, la tête nue et chauve, le nez au vent, une main derrière le dos et de l'autre levant et baissant alternativement sa canne en criant : *Raz, dwa! raz, dwa* (une, deux! une, deux)! on le voyait trépignant pour se réchauffer et mettant son amour-propre à braver vingt degrés de froid.

Bientôt les plus petits détails militaires devinrent des affaires d'état ; il changea d'abord la couleur de la cocarde russe, qui était blanche, pour lui substituer la cocarde noire avec un liseré jaune ; et ceci était bien, car, avait dit l'empereur, le blanc se voit de loin et peut servir de point de mire, tandis que le noir se perd dans la couleur du chapeau, et que, grâce à cette identité de ton, l'ennemi ne sait plus où viser le soldat. Mais la réforme ne s'arrêta point là ; elle atteignit tour à tour la couleur du plumet, la hauteur des bottes et les boutons des guêtres, si bien que la plus grande preuve de zèle qu'on pouvait lui donner était de paraître le lendemain à la wachtparade avec les changements qu'il avait introduits la veille, et plus d'une fois cette promptitude à se soumettre à ses futiles ordonnances fut honorée d'une croix ou récompensée d'un grade.

Quelque prédilection que Paul Ier eût pour ses soldats, qu'il habillait et déshabillait sans cesse comme un enfant fait de sa poupée, sa manière réformatrice s'étendait de temps en temps au bourgeois. La révolution française, en mettant les chapeaux ronds à la mode, lui avait donné l'horreur de ce genre de coiffure ; aussi un beau matin une ordonnance parut qui défendait de se montrer en chapeau rond dans les rues de Saint-Pétersbourg. Soit ignorance, soit opposition, la loi ne reçut pas une aussi rapide application que le désirait l'empereur. Alors il plaça à chaque coin de rue des cosaques et des soldats de police, avec ordre de décoiffer les récalcitrants; lui-même parcourut les rues en traîneau pour voir où l'on en était à Saint-Pétersbourg du changement ordonné. Il allait rentrer au palais après une tournée assez satisfaisante, lorsqu'il aperçut un Anglais qui, pensant qu'un ukase sur les chapeaux était un attentat à la liberté individuelle, avait conservé le sien. Aussitôt l'empereur s'arrête et ordonne à l'un de ses officiers d'aller décoiffer l'impertinent insulaire qui se permet de venir le braver jusque sur la place de l'Amirauté; le cavalier part au galop, et arrive au coupable, le trouve respectueusement coiffé d'un chapeau à trois cornes. Le messager, désappointé, tourné aussitôt le dos et revient faire son rapport. L'empereur, qui voit que ses yeux l'ont trompé, tire sa lorgnette et la braque sur l'Anglais, qui continue de suivre son chemin avec la même gravité. L'officier s'est trompé, l'Anglais a un chapeau rond ; l'officier est mis aux arrêts, et un aide-de-camp est envoyé à sa place, jaloux de plaire à l'empereur, l'aide-de-camp lance son cheval ventre à terre, et en quelques secondes il a rejoint l'Anglais. L'empereur s'est trompé, l'Anglais a un chapeau à trois cornes. L'aide-de-camp tout pénaud revient vers le prince et lui fait la même réponse que l'officier. L'empereur reprend sa lorgnette, et l'aide-de-camp est envoyé aux arrêts avec l'officier : l'Anglais a un chapeau rond. Alors un général offre de remplir la mission qui a été si fatale à ses deux devanciers, et pique de nouveau vers l'anglais sans le quitter un instant des yeux. Alors il voit à mesure qu'il approche le chapeau changer de forme, et passer de la forme ronde à la forme triangulaire ; craignant une disgrâce pareille à celle de l'officier et de l'aide-de-camp, il amène l'Anglais devant l'empereur, et tout s'explique. Le digne insulaire, pour concilier son orgueil national avec le caprice du souverain étranger, avait fait confectionner un feutre qui, au moyen d'un petit ressort caché dans l'intérieur, passait subitement de la forme prohibée à la forme légale. L'empereur trouva l'idée heureuse, fit grâce à l'aide-de-camp et à l'officier, et permit à l'Anglais de se coiffer à l'avenir comme bon lui semblerait.

L'ordonnance sur les voitures suivit celle sur les chapeaux. Un matin on publia dans Saint-Pétersbourg la défense d'atteler les chevaux à la manière russe, c'est-à-dire le postillon montant le cheval de droite et ayant le cheval de main à gauche. Quinze jours étaient accordés aux propriétaires de calèches, de landaws et de droschki, pour se procurer des harnais à l'allemande, après lequel temps il était enjoint à la police de couper les traits des équipages qui se permettraient de faire de l'opposition. Au reste la réforme ne s'arrêtait pas aux voitures, et montait jusqu'au cochers : les ivoschkis reçurent l'ordre de s'habiller à l'allemande, de sorte qu'il leur fallut, à leur grand désespoir, couper leur barbe, et coudre au collet de leur habit une queue qui restait toujours à la même place, tandis qu'ils tournaient la tête à droite et à gauche. Un officier qui n'avait pas encore eu le temps de se conformer à la nouvelle ordonnance, avait pris le parti de se rendre à la wachtparade à pied, plutôt que d'irriter l'empereur par la vue d'une voiture proscrite. Enveloppé dans une grande pelisse, il avait donné son épée à porter à un soldat, quand il fut rencontré par Paul, qui s'aperçut de cette infraction à la discipline : l'officier fut fait soldat, et le soldat officier.

Dans tous ces réglements, l'étiquette

n'était point oubliée. Une ancienne loi voulait que, lorsqu'on rencontrait dans les rues l'empereur, l'impératrice ou le czarewich, on fit arrêter sa voiture ou son cheval, et après être descendu de l'un ou de l'autre, on se prosternât dans la poussière, dans la boue ou dans la neige. Cet hommage, si difficile à rendre dans une capitale où passent dans chaque rue et à chaque heure des milliers de voitures, avait été aboli sous le règne de Catherine. Aussitôt son avènement, Paul le rétablit dans toute sa rigueur. Un officier-général, dont les gens n'avaient point reconnu l'équipage de l'empereur, fut désarmé et envoyé aux arrêts; le terme de sa réclusion arrivé, on voulut lui rendre son épée, mais il refusa de la reprendre, disant que c'était une épée d'honneur donnée par Catherine, avec le privilège de ne pouvoir lui être ôtée. Paul examina l'épée, et en effet il vit qu'elle était d'or et enrichie de diamants; alors il fit venir le général et lui remit lui-même l'épée, en lui disant qu'il n'avait aucun ressentiment contre lui, mais en lui ordonnant néanmoins de partir pour l'armée dans les vingt-quatres heures.

Malheureusement les choses ne tournaient pas toujours d'une façon aussi satisfaisante. Un jour, un des plus braves brigadiers de l'empereur, M. de Likarow, étant tombé malade à la campagne, sa femme, qui ne voulait s'en fier qu'à elle-même d'une si importante commission, vint à Saint-Pétersbourg pour y chercher un médecin; le malheur voulut qu'elle rencontrât la voiture de l'empereur. Comme elle et ses gens étaient absents depuis trois mois de la capitale, personne d'entre eux n'avait entendu parler de la nouvelle ordonnance, si bien que sa voiture passa sans s'arrêter à quelque distance de Paul, qui se promenait à cheval. Une pareille infraction à ses ordres blessa vivement l'empereur, qui dépêcha aussitôt un aide-de-camp après l'équipage rebelle, avec ordre de faire les quatre domestiques soldats et de conduire leur maîtresse en prison. L'ordre fut exécuté : la femme devint folle et le mari mourut.

L'étiquette n'était pas moins sévère

dans l'intérieur du palais que dans les rues de la capitale : tout courtisan admis au baise-main devait faire retentir le baiser avec sa bouche et le plancher avec son genoux ; le prince Georges Galitzin fut envoyé aux arrêts pour n'avoir pas fait une révérence assez profonde, et avoir baisé la main trop négligemment.

Ces actes extravagants que nous prenons au hasard dans la vie de Paul Ier avaient, au bout de quatre ans, rendu un plus long règne à peu près impossible, car chaque jour le peu de raison qui restait à l'empereur disparaissait pour faire place à quelque nouvelle folie, et les folies d'un souverain tout-puissant, dont le moindre signe devient un ordre exécuté

à l'instant même, sont choses dangereuses.
Aussi Paul sentait-il instinctivement qu'un danger inconnu, mais réel, l'enveloppait, et ces craintes donnaient encore une plus capricieuse mobilité à son esprit. Il s'était presqu'entièrement retiré dans le palais Saint-Michel, qu'il avait fait bâtir sur l'ancien emplacement du palais d'Été. Ce palais, peint en rouge pour faire honneur au goût d'une de ses maîtresses, qui était venue un soir à la cour avec des gants de cette couleur, était un édifice massif, d'un assez mauvais style, tout hérissé de bastions et au milieu duquel seulement l'empereur se croyait en sûreté.

Cependant au milieu des exécutions, des exils et des disgrâces, deux favoris étaient restés comme enracinés à leur place. L'un était Koutaisoff, ancien esclave turc, qui, du rang de barbier qu'il occupait auprès de Paul, était devenu subitement, et sans qu'aucun mérite motivât cette faveur, un des principaux personnages de l'empire; l'autre était le comte Pahlen, gentilhomme courlandais, major-général sous Catherine II, et que l'amitié de Zoubow, dernier favori de l'impératrice, avait élevé à la place de gouverneur civil de Riga. Or, il arriva que l'empereur Paul, quelque temps avant son avènement au trône, passa dans cette ville; c'était l'époque où il était presque proscrit, et où les courtisans osaient à peine lui parler. Pahlen lui rendit les honneurs dus au czarewich. Paul n'était point habitué à une pareille déférence ; il en garda la mémoire dans son cœur, et une fois monté sur le trône, se souvenant de la réception que lui avait faite Pahlen, il le fit venir à Saint-Pétersbourg, le décora des premiers ordres de l'empire, le nomma chef des gardes et gouverneur de la ville à la place du grand-duc Alexandre, son fils, dont le respect et l'amour n'avait pu désarmer sa méfiance.

Mais Pahlen, grâce à la position élevée qu'il occupait près de Paul, et que contre toutes probabilités il avait déjà conservée près de quatre ans, était plus à même que personne d'apprécier l'instabilité des fortunes humaines. Il avait vu tant d'hommes monter et tant d'hommes descendre ; il en avait vu tant d'autres tomber et se briser, qu'il ne comprenait pas lui-même comment le jour de sa chute n'était pas encore arrivé, et qu'il résolut de la prévenir par celle de l'empereur. Zoubow, son ancien protecteur, le même que l'empereur avait d'abord nommé aide-de-camp général du palais, et à qui il avait confié la garde du cadavre de sa mère, Zoubow, l'ancien protecteur de Palhen, tout à coup tombé dans la disgrâce, avait vu un matin le scellé mis sur sa chancellerie, ses deux principaux secrétaires, Altesti et Gribowski chassés scandaleusement, et tous les officiers de son état-major et de sa suite obligés de rejoindre à l'instant leurs corps ou de donner leurs démissions. En échange de tout cela, l'empereur, par une contradiction étrange, lui avait fait cadeau d'un palais; mais sa disgrâce n'en était pas moins réelle, car le lendemain tous ses commandements lui avaient été retirés; le surlendemain on lui avait demandé la démission des vingt-cinq ou trente emplois qu'il occupait, et une semaine ne s'était pas écoulée, qu'il avait obtenu la permission ou plutôt reçu l'ordre de quitter la Russie. Zoubow s'était retiré en Allemagne, où, riche, jeune, beau, couvert de décorations et plein d'esprit, il faisait honneur au bon goût de Catherine, en prouvant qu'elle avait su être grande jusque dans ses faiblesses.

Ce fut là qu'un avis de Pahlen alla le chercher. Sans doute déjà Zoubow s'était plaint à son ancien protégé de son exil, qui, tout explicable qu'il était, n'en était pas moins resté inexpliqué, et Pahlen ne faisait que répondre à une de ses lettres. Cette réponse contenait un conseil : c'était de feindre l'intention d'épouser la fille du favori de Paul, Koutaisoff; nul doute que l'empereur, flatté par cette demande, ne permît à l'exilé de reparaître à Saint-Pétersbourg; alors et quand on en serait là, on verrait.

Le plan proposé fut suivi. Un matin, Koutaisoff reçut une lettre de Zoubow, qui lui demandait sa fille en mariage. Aussitôt le barbier parvenu, flatté dans son orgueil, court au palais Saint-Michel, se jette aux pieds de l'empereur, et le supplie, la lettre de Zoubow à la main, de combler sa fortune et celle de sa fille, en approuvant ce mariage, et en permettant à l'exilé de revenir. Paul jette un coup d'œil rapide sur la lettre que Koutaisoff lui présente ; puis, la lui rendant après l'avoir lue : — C'est la première idée raisonnable qui passe par la tête de ce fou, dit l'empereur; qu'il revienne. — Quinze jours après, Zoubow était de retour à Saint-Pétersbourg, et, avec l'agrément de Paul, faisait la cour à la fille du favori.

Ce fut cachée sous ce voile que la conspiration se forma et grandit, se recrutant chaque jour de nouveaux mécontents. D'abord les conjurés ne parlèrent que d'une simple abdication, d'une substitution de personne, et voilà tout. Paul serait envoyé sous bonne garde dans quelque province éloignée de l'empire, et le grand-duc Alexandre, dont on disposait ainsi sans son consentement, monterait sur le trône. Quelques-uns savaient seulement qu'on tirerait le poignard au lieu de l'épée, et qu'une fois tiré, il ne rentrerait plus que sanglant au fourreau. Ceux-là connaissaient Alexandre; sachant qu'il n'accepterait pas la régence, ils étaient décidés à lui faire une succession.

Cependant Palhen, quoique le chef de la conspiration, avait scrupuleusement évité de donner une seule preuve contre lui; de sorte que, selon l'événement, il pouvait seconder ses compagnons ou secourir

Paul. Cette réserve de sa part jetait une certaine froideur sur les délibérations, et les choses eussent peut-être traîné ainsi en longueur un an encore, s'il ne les avait hâtées lui-même par un stratagème étrange, mais qu'avec la connaissance qu'il avait du caractère de Paul il savait devoir réussir. Il écrivit à l'empereur une lettre anonyme, dans laquelle il l'avertissait du danger dont il était menacé. A cette lettre était jointe une liste contenant les noms de tous les conjurés.

Le premier mouvement de Paul en recevant cette lettre fut de doubler les postes du palais Saint-Michel et d'appeler Palhen.

Palhen, qui s'attendait à cette invitation,

s'y rendit aussitôt. Il trouva Paul I" dans sa chambre à coucher située au premier. C'était une grande pièce carrée, avec une porte en face de la cheminée, deux fenêtres donnant sur la cour, un lit en face de ces deux fenêtres, et au pied du lit une porte dérobée qui donnait chez l'impératrice; en outre, une trappe, connue de l'empereur seul, était pratiquée dans le plancher. On ouvrait cette trappe en la pressant avec le talon de la botte; elle donnait sur l'escalier, et l'escalier dans un corridor par lequel on pouvait fuir du palais.

Paul se promenait à grand pas, entrecoupant sa marche d'interjections terribles, lorsque la porte s'ouvrit et que le comte parut. L'empereur se retourna, et demeurant debout les bras croisés, les yeux fixés sur Palhen :

— Comte, lui dit-il après un instant de silence, savez-vous ce qui se passe ?

— Je sais, répondit Palhen, que mon gracieux souverain me fait appeler et que je m'empresse de me rendre à ses ordres.

— Mais savez-vous pourquoi je vous fais appeler ? s'écria Paul avec un mouvement d'impatience.

— J'attends respectueusement que votre majesté daigne me le dire.

— Je vous ai fait appeler, monsieur, parce qu'une conspiration se trame contre moi.

— Je le sais, sire.

— Comment, vous le savez?

— Sans doute. Je suis un des complices.

— Eh bien! je viens d'en recevoir la liste. La voici.

— Et moi, sire, j'en ai le double. La voilà.

— Palhen! murmura Paul épouvanté, et ne sachant encore ce qu'il devait croire.

— Sire, reprit le comte, vous pouvez comparer les deux listes; si le délateur est bien informé, elles doivent être pareilles.

— Voyez, dit Paul.

—Oui, c'est cela, dit froidement Palhen;

seulement trois personnes sont oubliées.

— Lesquelles? demanda vivement l'empereur.

— Sire, la prudence m'empêche de les nommer; mais, après la preuve que je viens de donner à votre majesté de l'exactitude de mes renseignements, j'espère qu'elle daignera m'accorder une confiance entière et se reposer sur mon zèle du soin de veiller à sa sûreté.

— Point de défaite, interrompit Paul avec toute l'énergie de la terreur; qui sont-ils? Je veux savoir qui ils sont à l'instant même.

— Sire, répondit Palhen en inclinant

la tête, le respect m'empêche de révéler d'augustes noms.

J'entends, reprit Paul d'une voix sourde et en jetant un coup d'œil sur la porte dérobée qui conduisait dans l'appartement de sa femme. Vous voulez dire l'impératrice, n'est-ce pas? Vous voulez dire le czarewich Alexandre et le grand-duc Constantin ?

— Si la loi ne doit connaître que ceux qu'elle peut atteindre...

— La loi atteindra tout le monde, monsieur, et le crime, pour être plus grand, ne sera pas impuni. Palhen, à l'instant même, vous arrêterez les deux grands-ducs, et demain ils partiront pour Schlusselbourg.

Quant à l'impératrice, j'en disposerai moi-même. Pour les autres conjurés, c'est votre affaire.

— Sire, dit Palhen, donnez-moi l'ordre écrit, et si haute que soit la tête qu'il frappe, si grands que soient ceux qu'il doit atteindre j'obéirai.

— Bon Palhen ! s'écrie l'empereur, tu es le seul serviteur fidèle qui me reste. Veille sur moi, Palhen, car je vois bien qu'ils veulent tous ma mort et que je n'ai plus que toi.

A ces mots, Paul signa l'ordre d'arrêter les deux grands-ducs et remit cet ordre à Palhen.

C'était tout ce que désirait l'habile conjuré. Muni de ces différents ordres, il court au logis de Platon Zoubow, chez qui il savait les conspirateurs assemblés.

— Tout est découvert, leur dit-il; voici l'ordre de vous arrêter. Il n'y a donc pas un instant à perdre; cette nuit, je suis encore gouverneur de Saint-Pétersbourg; demain, je serai peut-être en prison. Voyez ce que vous voulez faire.

Il n'y avait pas à hésiter, car l'hésitation, c'était l'échafaud, ou tout au moins la Sibérie. Les conjurés prirent rendez-vous pour la nuit même, chez le comte Talitzin, colonel du régiment de Préobrajenski; et comme ils n'étaient pas assez nombreux, ils résolurent de s'augmenter de tous les mécontents arrêtés dans la journée même. La journé avait été bonne car, dans la matinée, une trentaine d'officiers appartenant aux meilleures familles de Saint-Pétersbourg avaient été dégradés; et condamnés à la prison ou à l'exil pour des fautes qui méritaient à peine une réprimande. Le comte ordonna qu'une douzaine de traîneaux se tinssent prêts à la porte des différentes prisons où étaient enfermés ceux qu'on voulait s'associer; puis, voyant ses complices décidés, il se rendit chez le czarewich Alexandre.

Celui-ci venait de rencontrer son père dans un corridor du palais et avait été, comme d'habitude, droit à lui; mais Paul lui faisant signe de la main de se retirer, lui avait enjoint de rentrer chez lui et d'y demeurer jusqu'à nouvel ordre. Le comte le trouva donc d'autant plus inquiet qu'il ignorait la cause de cette colère qu'il avait lue dans les yeux de l'empereur ; aussi, à peine aperçut-il Palhen, qu'il lui demanda s'il n'était point chargé, de la part de son père, de quelque ordre pour lui.

— Hélas ! répondit Palhen ; oui, votre altesse ; je suis chargé d'un ordre terrible.

— Et lequel ? demanda Alexandre.

— De m'assurer de votre altesse et de lui demander son épée.

— A moi, mon épée, s'écria Alexandre ; et pourquoi ?

— Parce que, à compter de cette heure, vous êtes prisonnier.

— Moi, prisonnier! et de quel crime suis-je donc accusé, Palhen?

— Votre altesse impériale n'ignore pas qu'ici, malheureusement, on encourt parfois le châtiment sans avoir commis l'offense.

— L'empereur est doublement maître de mon sort, répondit Alexandre, et comme mon souverain et comme mon père. Montrez-le moi, et quel que soit cet ordre, je suis prêt à m'y soumettre.

Le comte lui remit l'ordre, Alexandre l'ouvrit, baisa la signature de son père, puis commença à lire ; seulement, lorsqu'il fut arrivé à ce qui concernait Constantin : — Et mon frère aussi ! s'écria-t-il. J'espérais que l'ordre ne concernait que moi seul ! — Mais parvenu à l'article qui concernait l'impératrice : — Oh! ma mère! ma vertueuse mère! cette sainte du ciel descendue parmi nous! C'en est trop, Palhen, c'en est trop.

Et se couvrant le visage de ses deux mains, il laissa tomber l'ordre. Palhen crut que le moment favorable était venu.

— Monseigneur, lui dit-il en se jetant à ses pieds, monseigneur, écoutez-moi; il faut prévenir de grands malheurs; il faut mettre un terme aux égarements de votre auguste père. Aujourd'hui il en veut à votre liberté; demain, peut-être, il en voudra à votre...

— Palhen !

— Monseigneur, souvenez-vous d'Alexis Petrowitch.

— Palhen, vous calomniez mon père.

— Non, monseigneur, car ce n'est pas son cœur que j'accuse, mais sa raison. Tant de contradictions étranges, tant d'ordonnances inexécutables, tant de punitions inutiles ne s'expliquent que par l'influence d'une maladie terrible. Ceux qui entourent l'empereur le disent tous, et ceux qui sont loin de lui le répètent tous. Monseigneur, votre malheureux père est insensé.

— Mon Dieu !

— Eh bien ! monseigneur, il faut le sauver de lui-même. Ce n'est pas moi qui viens vous donner ce conseil, c'est la noblesse, c'est le sénat, c'est l'empire, et je ne suis ici que leur interprète ; il faut que l'empereur abdique en votre faveur.

— Palhen ! s'écria Alexandre en reculant d'un pas, que me dites-vous là? Moi, que je succède à mon père, vivant encore ; que je lui arrache la couronne de la tête et le sceptre des mains? C'est vous qui êtes fou, Palhen.... Jamais, jamais.

— Mais, monseigneur, vous n'avez donc pas vu l'ordre? Croyez-vous qu'il s'agisse d'une simple prison? Non pas, croyez-moi·

les jours de votre altesse sont en danger.

—Sauvez mon frère! sauvez l'impératrice! c'est tout ce que je vous demande, s'écria Alexandre.

— Et en suis-je le maître? dit Palhen; l'ordre n'est-il pas pour eux comme pour vous? Une fois arrêtés, une fois en prison, qui vous dit que des courtisans trop pressés, en croyant servir l'empereur, n'iront pas au-devant de ses volontés? Tournez les yeux vers l'Angleterre, monseigneur: même chose s'y passe; quoique le pouvoir, moins étendu, rende le danger moins grand, le prince de Galles est prêt à prendre la direction du gouvernement, et cependant la folie du roi George est une folie douce et inoffensive. D'ailleurs, monseigneur, un dernier mot : peut-être, en acceptant ce que je vous offre, sauvez-vous la vie, non-seulement du grand-duc et de l'impératrice, mais encore de votre père !

— Que voulez-vous dire !

— Je dis que le règne de Paul est si lourd, que la noblesse et le sénat sont décidés à y mettre fin par tous les moyens possibles. Vous refusez une abdication ? Peut-être demain serez-vous obligé de pardonner un assassinat.

—Palhen ! s'écria Alexandre, ne puis-je donc voir mon père ?

— Impossible, monseigneur ; défense positive est faite de laisser pénétrer votre altesse jusqu'à lui.

— Et vous dites que la vie de mon père est menacée?

— La Russie n'a d'espoir qu'en vous, monseigneur, et s'il faut que nous choisissions entre un jugement qui nous perd et un crime qui nous sauve, monseigneur, nous choisirons le crime.

Palhen fit un mouvement pour sortir.

— Palhen, s'écria Alexandre en l'arrêtant d'une main, tandis que de l'autre il tirait de sa poitrine un crucifix qu'il y portait suspendu à une chaîne d'or; Palhen, jurez-moi sur le Christ, que les jours de mon père ne courent aucun danger, et que vous vous ferez tuer s'il le faut pour le défendre. Jurez-moi cela, ou je ne vous laisse pas sortir.

— Monseigneur, répondit Pahlen, je vous ai dit ce que je devais vous dire. Réfléchissez à la proposition que je vous ai faite; moi, je vais réfléchir au serment que vous me demandez.

A ces mots, Pahlen s'inclina respectueusement, sortit, et plaça des gardes à la porte, puis il entra chez le grand-duc Constantin et chez l'impératrice Marie, leur signifia l'ordre de l'empereur, mais ne prit point les mêmes précautions que chez Alexandre.

Il était huit heures du soir, et par conséquent nuit close, car on n'était encore arrivé qu'aux premiers jours du printemps. Pahlen courut chez le comte Talitzin, où il trouva les conjurés à table; sa présence fut accueillie par mille demandes différentes. — Je n'ai le temps de vous rien répondre, dit-il, sinon que tout va bien, et que dans une demi-heure je vous amène des renforts. — Le repas interrompu un instant continua; Pahlen se rendit à la prison.

Comme il était gouverneur de Saint-Pétersbourg, toutes les portes s'ouvrirent devant lui. Ceux qui le virent entrer ainsi dans les cachots, entouré de gardes et l'œil sévère, crurent ou que l'heure de leur exil en Sibérie était arrivée, ou qu'ils allaient être transférés dans une prison encore plus dure. La manière dont Pahlen leur ordonna de se tenir prêts à monter en traîneau, les confirma enfin dans cette supposition. Les malheureux jeunes gens obéirent ; à la porte, une compagnie des gardes les attendait, les prisonniers montèrent dans les traîneaux sans résistance, et à peine y furent-ils, qu'ils se sentirent emportés au galop.

Contre leur attente, au bout de dix minutes à peine, les traîneaux firent halte dans la cour d'un hôtel magnifique ; les prisonniers, invités à descendre, obéirent; la porte était refermée derrière eux, les soldats étaient restés en dehors, il n'y avait avec eux que Pahlen.

— Suivez-moi, leur dit le comte en marchant le premier.

Sans rien comprendre à ce qui se passait, les prisonniers firent ce qu'on leur disait de faire : en arrivant dans une chambre qui précédait celle où étaient réunis les conjurés, Pahlen leva un manteau jeté sur une table et découvrit un faisceau d'épées.

— Armez-vous, dit Pahlen.

Tandis que les prisonniers, stupéfaits, obéissaient à cet ordre et replaçaient à leur côté l'épée que le bourreau en avait arrachée ignominieusement le matin même, commençant à soupçonner qu'il allait se passer pour eux quelque chose d'aussi étrange qu'inattendu, Pahlen fit ouvrir les portes, et les nouveaux venus virent à table le verre à la main et les saluant du cri de : Vive Alexandre! des amis dont dix minutes auparavant ils croyaient encore être séparés pour toujours. Aussitôt ils se précipitèrent dans la salle du festin. En quelques mots on les mit au fait de ce qui allait se passer; ils étaient encore pleins de honte et de colère du traitement qu'ils avaient subi le jour même. La proposition régicide fut donc accueillie avec des cris de joie, et pas un ne refusa de prendre le rôle qu'on lui avait réservé dans la tragédie terrible qui allait s'accomplir.

A onze heures, les conjurés, au nombre de soixante à peu près, sortirent de l'hôtel Talitzin, et s'acheminèrent, enveloppés de leurs manteaux, vers le palais Saint-Michel. Les principaux étaient Beningsen, Platon Zoubow, l'ancien favori de Catherine, Palhen, le gouverneur de Saint-Pétersbourg, Depreradowilsch, colonel du régiment de Semonowki, Arkamakow, aide-de-camp de l'empereur, le prince Tatetsvill, major-général d'artillerie, le général Talitzin, colonel du régiment de la garde Preobrajenski, Gardanow, adjudant des gardes à cheval, Sartarinow, le prince Wereinskoi et Sériatin.

Les conjurés entrèrent par une porte du jardin du palais Saint-Michel; mais au moment où ils passaient sous les grands arbres qui l'ombragent l'été, et qui, à cette heure dépouillés de leurs feuilles, tordaient leurs bras décharnés dans l'ombre, une bande de corbeaux, réveillés par le bruit qu'ils faisaient, s'envola en poussant des croassements si lugubres, qu'arrêtés par ces cris, qui en Russie passent pour un mauvais présage, les conspirateurs hésitèrent à aller plus loin; mais Zoubow et Palhen ranimèrent leur courage, et ils continuèrent leur route. Arrivés à la cour, ils se séparèrent en deux bandes; l'une, conduite par Palhen, entra par une porte particulière que le comte avait l'habitude de prendre lorsqu'il voulait entrer chez l'empereur sans être vu; l'autre, sous les ordres de Zoubow et Beningsen, s'avança guidée par Arkamakow, vers le grand escalier, où elle parvint sans empêchement, Palhen ayant fait relever les postes du palais, et ayant placé, au lieu de soldats, des officiers conjurés.

Une seule sentinelle qu'on avait oublié de changer comme les autres, cria *qui vive* en les voyant s'avancer ; alors Beningsen s'avança vers elle, et ouvrant son manteau pour lui montrer ses décorations : — Silence! lui dit-il, ne vois-tu pas où nous allons? — Passez, patrouille, répondit la sentinelle en faisant de la tête un signe d'intelligence, et les meurtriers passèrent. En arrivant dans la galerie qui précède l'antichambre, ils trouvèrent un officier déguisé en soldat.

Et bien ! l'empereur? demanda Platon Zoubow.

— Rentré depuis une heure, répondit l'officier, et sans doute couché maintenant.

— Bien, répondit Zoubow, et la patrouille régicide continua son chemin.

En effet, Paul, selon sa coutume, avait été passer la soiré chez la princesse Gagarin. En le voyant entrer plus pâle et plus sombre qu'à l'ordinaire, celle-ci avait couru à lui, et lui avait demandé avec instance ce qu'il avait.

— Ce que j'ai ? avait répondu l'empereur, j'ai que le moment de frapper mon grand coup est arrivé, et que dans peu de jours on verra tomber des têtes qui m'ont été bien chères!

Effrayée de cette menace, la princesse Gagarin, qui connaissait la défiance de Paul pour sa famille, saisit le premier prétexte qui se présenta de sortir du salon, écrivit quelques lignes au grand-duc Alexandre, dans lesquelles elle lui disait que sa vie était en danger, et les fit porter au palais de Saint-Michel. Comme l'officier qui était de garde à la porte du prisonnier avait pour toute consigne de ne pas laisser sortir le czarewich, il laissa entrer le messager. Alexandre reçut donc le billet, et comme il savait la princesse Gagarin initiée à tous les secrets de l'empereur, ses anxiétés en redoublèrent.

A onze heures à peu près, comme l'avait dit la sentinelle, l'empereur était rentré au palais, et s'était immédiatement retiré dans son appartement, où il s'était couché aussitôt, et venait de s'endormir sur la foi de Palhen.

En ce moment les conjurés arrivèrent à la porte de l'antichambre qui précédait la chambre à coucher, et Arkamakow frappa.

— Qui est là? demanda le valet de chambre.

— Moi, Arkamakow, l'aide-de-camp de sa majesté.

— Que voulez-vous ?

— Je viens faire mon rapport.

— Votre excellence plaisante, il est minuit à peine.

— Allons donc, c'est vous qui vous trompez, il est six heures du matin ; ouvrez vite, de peur que l'empereur ne s'irrite contre moi.

— Mais je ne sais si je dois.

— Je suis de service, et je vous l'ordonne.

Le valet de chambre obéit. Aussitôt les conjurés, l'épée à la main, se précipitent dans l'antichambre; le valet effrayé se réfugie dans un coin; mais un houzard polonais, qui était de garde, s'élance au-devant de la porte de l'empereur, et devinant l'intention des nocturnes visiteurs, leur ordonne de s'éloigner. Zoubow refuse et veut l'écarter de la main. Un coup de pistolet part; mais à l'instant même l'unique défenseur de celui qui, une heure auparavant, commandait à cinquante-trois millions d'hommes, est désarmé, terrassé, et réduit à l'impossibilité d'agir.

Au bruit du coup de pistolet, Paul s'était réveillé en sursaut, avait sauté à bas de son lit, et s'élançant vers la porte dérobée qui conduisait chez l'impératrice, il avait essayé de l'ouvrir; mais trois jours auparavant, dans un moment de défiance, il avait fait condamner cette porte, de sorte qu'elle resta fermée ; alors il songea à la trappe, et s'élança vers l'angle de l'appartement où elle se trouvait; mais comme il était nus pieds, le ressort résista à la pression, et la trappe à son tour refusa de s'ouvrir. En ce moment la porte de l'antichambre tomba en dedans, et l'empereur n'eut que le temps de se jeter derrière un écran de cheminée.

Beningsen et Zoubow se précipitèrent

dans la chambre, et Zoubow marcha droit au lit; mais le voyant vide : — Tout est perdu, s'écria-t-il, il nous échappe.

— Non, dit Beningsen, le voici.

— Palhen, s'écrie l'empereur, qui se voit découvert, à mon secours, Palhen!

— Sire, dit alors Beningsen, en s'avançant vers Paul et en le saluant avec son épée, vous appelez inutilement Palhen, Palhen est des nôtres. D'ailleurs, votre vie ne court aucun risque; seulement vous êtes prisonnier au nom de l'empereur Alexandre.

— Qui êtes-vous? dit l'empereur si troublé qu'à la lueur tremblante et pâle de sa lampe de nuit il ne reconnaissait pas ceux qui lui parlaient.

— Qui nous sommes ? répondit Zoubow en présentant l'acte d'abdication, nous sommes les envoyés du sénat. Prends ce papier, lis, et prononce toi-même sur ta destinée.

Alors Zoubow lui remet le papier d'une main, tandis que de l'autre il transporte la lampe à l'angle de la cheminée, pour que l'empereur puisse lire l'acte qu'on lui présente. En effet, Paul prend le papier et le parcourt. Au tiers de la lecture, il s'arrête, et relevant la tête et regardant les conjurés:

— Mais que vous ai-je fait, grand Dieu !

s'écrie-t-il, pour que vous me traitiez ainsi?

— Il y a quatre ans que vous nous tyrannisez, crie une voix. Et l'empereur se remet à lire.

Mais à mesure qu'il lit, les griefs s'accumulent; les expressions, de plus en plus outrageantes, le blessent; la colère remplace la dignité; il oublie qu'il est seul, qu'il est nu, qu'il est sans armes, qu'il est entouré d'hommes qui ont le chapeau sur la tête et l'épée à la main; il froisse violemment l'acte d'abdication, et le jetant à ses pieds:—Jamais, dit-il, plutôt la mort. A ces mots il fait un mouvement pour s'emparer de son épée, posée à quelques pas de lui sur un fauteuil.

En ce moment la seconde troupe arrivait; elle se composait en grande partie des jeunes nobles dégradés ou éloignés du service, parmi lesquels un des principaux était le prince Tatetsvil, qui avait juré de se venger de cette insulte. Aussi à peine entré il s'élance sur l'empereur, le saisit corps à corps, lutte et tombe avec lui, renversant du même coup la lampe et le paravent. L'empereur jette un cri terrible, car, en tombant, il s'est heurté la tête à l'angle de la cheminée, et s'est fait une profonde blessure. Tremblant que ce cri ne soit entendu, Sartarinow, le prince Wereinskoi et Sériatin s'élancent sur lui. Paul se relève un instant et retombe. Tout cela se passe dans la nuit, au milieu de cris et de gémissements, tantôt aigus, tantôt sourds. Enfin l'empereur écarte la main qui lui ferme la bouche : « Messieurs, s'écrie-t-il en français, messieurs, épargnez-moi, laissez-moi le temps de prier Die.... » La dernière syllabe du mot est étouffée, un des assaillants a dénoué son écharpe et l'a passée autour des flancs de la victime, qu'on n'ose étrangler par le cou, car le cadavre sera exposé, et il faut que la mort passe pour naturelle. Alors les gémissements se convertissent en râle; bientôt le râle lui-même expire; quelques mouvements convulsifs lui succèdent, qui cessent bientôt, et quand Beningsen rentre avec des lumières, l'empereur est mort. C'est alors seulement qu'on s'aperçoit de la blessure de la joue; mais peu importe : comme il a été frappé d'une apoplexie foudroyante, rien d'étonnant à ce qu'en tombant il se soit heurté à un meuble et se soit blessé ainsi.

Dans le moment de silence qui suit le crime, et tandis qu'à la lueur des flambeaux que rapporte Beningsen, on regarde le cadavre immobile, un bruit se fait entendre à la porte de communication ; c'est l'impératrice, qui a entendu des cris étouffés, des voix sourdes et menaçantes, et qui accourt. Les conjurés s'effraient d'abord ; mais ils reconnaissent sa voix, et se rassurent ; d'ailleurs, la porte fermée pour Paul l'est aussi pour elle ; ils ont donc tout le temps d'achever ce qu'ils ont commencé, et ne seront point dérangés dans leur œuvre.

Beningsen soulève la tête de l'empereur, et voyant qu'il reste sans mouvement, il le fait porter sur le lit. Alors seulement Palhen entre l'épée à la main; car, fidèle à son double rôle, il a attendu que tout fût fini pour se ranger parmi les conjurés. A la vue de son souverain, auquel Beningsen jette un couvre-pied sur le visage, il s'arrête à la porte, pâlit, et s'appuie contre le mur, son épée pendante à son côté.

— Allons, messieurs, dit Beningsen, qui, entraîné dans la conspiration un des derniers, et qui seul pendant cette fatale soirée a conservé son inaltérable sang-froid, il est temps d'aller prêter hommage au nouvel empereur.

— Oui, oui, s'écrient en tumulte les voix de tous ces hommes qui ont maintenant plus de hâte à quitter cette chambre qu'ils n'ont mis de précipitation à y entrer; oui, oui, allons prêter hommage à l'empereur. Vive Alexandre !

Pendant ce temps, l'impératrice Marie, voyant qu'elle ne peut pas entrer par la porte de communication, et entendant le tumulte qui continue, fait le tour de l'appartement; mais dans un salon intermédiaire, elle rencontre Pettaroskoi, lieutenant des gardes de Semenoski, avec trente hommes sous ses ordres. Fidèle à sa consigne, Pettaroskoi lui barre le passage.

—Pardon, madame, lui dit-il en s'inclinant devant elle, mais vous ne pouvez aller plus loin.

— Ne me connaissez-vous point? demande l'impératrice.

— Si fait, madame, je sais que j'ai l'honneur de parler à votre majesté; mais c'est votre majesté surtout qui ne doit pas passer.

— Qui vous a donné cette consigne?

— Mon colonel.

— Voyons, dit l'impératrice, si vous oserez l'exécuter.

Et elle s'avance vers les soldats; mais les soldats croisent les fusils et barrent le passage.

En ce moment les conjurés sortent tumultueusement de la chambre de Paul en criant : *Vive Alexandre !* Beningsen est à leur tête ; il s'avance vers l'impératrice ; alors elle le reconnaît, et l'appelant par son nom, le supplie de la laisser passer.

— Madame, lui dit-il, tout est fini maintenant, vous compromettriez inutilement vos jours, et ceux de Paul sont terminés.

A ces mots l'impératrice jette un cri et tombe sur un fauteuil ; les deux grandes-duchesses Marie et Catherine, qui se sont levées au bruit, et qui accourent derrière elle, se mettent à genou de chaque côté du fauteuil. Sentant qu'elle perd connaissance, l'impératrice demande de l'eau. Un soldat en apporte un verre ; la grande-du-

chesse Marie hésite à le donner à sa mère, de peur qu'il ne soit empoisonné. Le soldat devine sa crainte, en boit la moitié, et présentant le reste à la grande-duchesse :
— Vous le voyez, dit-il, sa majesté peut boire sans crainte.

Beningsen laisse l'impératrice aux soins des grandes-duchesses, et descend chez le czarewich. Son appartement est situé au-dessous de celui de Paul; il a tout entendu; le coup de pistolet, les cris, la chute, les gémissements et le râle; alors il a voulu sortir pour porter secours à son père; mais la garde que Palhen a mise à sa porte l'a repoussé dans sa chambre; les précautions sont bien prises, il est captif, et ne peut rien empêcher.

C'est alors que Beningsen entre suivi des conjurés. Les cris de : Vive l'empereur Alexandre! lui annoncent que tout est fini. La manière dont il monte au trône n'est plus un doute pour lui; aussi, en apercevant Palhen, qui entre le dernier :

— Ah! Palhen, s'écrie-t-il, quelle page pour le commencement de mon histoire!

— Sire, répond Palhen, celles qui la suivront la feront oublier.

— Mais, s'écrie Alexandre, mais ne comprenez-vous pas qu'on dira que c'est moi qui suis l'assassin de mon père?

— Sire, dit Palhen, ne songez en ce moment qu'à une chose : à cette heure...

— Et à quoi voulez-vous que je songe, mon Dieu! si ce n'est à mon père?

— Songez à vous faire reconnaître par l'armée.

— Mais ma mère, mais l'impératrice, s'écrie Alexandre, que deviendra-t-elle?

— Elle est en sûreté, sire, répond Palhen; mais au nom du ciel, sire, ne perdons pas un instant.

Que faut-il que je fasse? demande Alexandre, incapable, tant il est abattu, de prendre une résolution.

— Sire, répond Palhen, il faut me suivre à l'instant même, car le moindre retard peut amener les plus grands malheurs.

— Faites de moi ce que vous voudrez, dit Alexandre, me voilà.

Palhen entraîne alors l'empereur à la voiture qu'on avait fait approcher pour conduire Paul à la forteresse ; l'empereur y monte en pleurant, la portière se referme, Palhen et Zoubow montent derrière à la place des valets de pied, et la voiture qui porte les nouvelles destinées de la Russie, part au galop pour le palais dHiver, escortée de deux bataillons de la garde. Beningsen est resté près de l'impératrice, car une des dernières recommandations d'Alexandre a été pour sa mère.

Sur la place de l'Amirauté, Alexandre trouve les principaux régiments de la garde : L'empereur! l'empereur! crient Palhen et Zoubow en indiquant que c'est Alexandre qu'ils amènent. L'empereur! l'empereur! crient les deux bataillons qui l'escortent. Vive l'empereur! répondent d'une seule voix tous les régiments.

Alors on se précipite vers la portière, on tire Alexandre pâle et défait de sa voiture, on l'entraîne, on l'emporte enfin, on lui jure fidélité avec un enthousiasme qui lui prouve que les conjurés, tout en commettant un crime, n'ont fait qu'accomplir le vœu public; il faut donc, quel que soit son désir de venger son père, qu'il renonce à punir ses assassins.

Ceux-ci s'étaient retirés chez eux, ne

sachant pas ce que l'empereur allait résoudre à leur égard.

Le lendemain, l'impératrice à son tour prêta serment de fidélité à son fils; selon la constitution de l'empire, c'était elle qui devait succéder à son mari; mais, lorsqu'elle vit l'urgence de la situation, elle renonça la première à ses droits.

Le chirurgien Vette et le médecin Stoff, chargés de l'autopsie du corps, déclarèrent que l'empereur Paul était mort d'une apoplexie foudroyante; la blessure de la joue fut attribuée à la chute qu'il avait faite lorsque l'accident l'avait frappé.

Le corps fut embaumé et exposé pendant quinze jours sur un lit de parade, aux marches duquel l'étiquette amena plusieurs fois Alexandre; mais pas une fois il ne les monta ou ne les descendit qu'on ne le vît pâlir et verser des larmes. Aussi, peu à peu, les conjurés furent-ils éloignés de la cour; les uns reçurent des missions, les autres furent incorporés dans des régiments stationnés en Sibérie; il ne restait que Palhen qui avait conservé sa place de gouverneur militaire de Saint-Pétersbourg, et dont la vue était devenue presque un remords pour le nouvel empereur : aussi profita-t-il de la première occasion qui se présenta de l'éloigner à son tour. Voici comment la chose arriva.

Quelques jours après la mort de Paul, un prêtre exposa une image sainte qu'il prétendit lui avoir été apportée par un ange, et au bas de laquelle étaient écrits ces mots : DIEU PUNIRA TOUS LES ASSASSINS DE PAUL Ier. Informé que le peuple se portait en foule à la chapelle où l'image miraculeuse était exposée, et augurant qu'il pouvait résulter de cette menée quelque impression fâcheuse sur l'esprit de l'empereur, Palhen demanda la permission de mettre fin aux intrigues du prêtre, permission qu'Alexandre lui accorda. En conséquence, le prêtre fut fouetté, et, au milieu du supplice, déclara qu'il n'avait agi que par les ordres de l'impératrice. Pour preuve de ce qu'il avançait, il affirma que l'on trouverait dans son oratoire une image pareille à la sienne. Sur cette dénonciation, Palhen fit ouvrir la chapelle de l'impératrice, et ayant effectivement trouvé l'image désignée, il la fit enlever; l'impératrice, avec juste raison, regarda cet enlèvement comme une insulte, et vint en demander satisfaction à son fils. Alexandre ne cherchait qu'un prétexte pour éloigner Palhen, il se garda donc bien de laisser échapper celui qui se présentait, et, au même instant, M. de Becklecleuw fut chargé de transmettre au comte Palhen, de la part de l'empereur, l'ordre de se retirer dans ses terres. — Je m'y attendais, dit en souriant Palhen, et mes paquets étaient faits d'avance.

Une heure après, le comte Palhen avait envoyé à l'empereur la démission de toutes ses charges, et le même soir il était sur le chemin de Riga.

XIII

L'empereur Alexandre n'avait pas encore atteint l'âge de vingt-quatre ans, lorsqu'il monta sur le trône. Il fut élevé sous les yeux de son aïeule Catherine, d'après un plan tracé par elle-même, et dont un des principaux articles était celui-ci : On n'enseignera aux jeunes grands-ducs, ni la poésie ni la musique, parce qu'il faudrait consacrer trop de temps à cette étude pour qu'elle portât fruit. Alexandre reçut donc une éducation ferme et sévère, de laquelle les beaux-arts furent presque entièrement exclus. Son précepteur, La Harpe, choisi par Catherine elle-même, et qu'on n'appelait à la cour que le jacobin, parce qu'il était non-seulement Suisse, mais encore frère du brave général La Harpe, qui servait dans les armées françaises, était bien en tout l'homme qu'il fallait pour imprimer à son élève les idées généreuses et droites, si importantes chez ceux-là surtout où les impressions de tout le reste de la vie doivent combattre les souvenirs de la jeunesse. Ce choix de la part de Catherine était remarquable à une époque où tous les trônes vacillaient, ébranlés par le volcan révolutionnaire, où Léopold mourait, disait-on, empoisonné, où Gustave tombait assassiné par Ankastrœm, et où Louis XVI portait sa tête sur l'échafaud.

Une des recommandations principales de Catherine était encore d'éloigner de l'esprit des jeunes grands-ducs toute idée relative à la différence des sexes, et à l'amour qui les rapprochait. Le célèbre Pallas leur faisait faire dans les jardins impériaux un petit cours de botanique : l'exposition du système de Linnée sur les sexes des fleurs, et sur la manière dont elles se fécondaient, avaient amené de la part de ses augustes écoliers une foule de questions auxquelles il devenait très difficile de répondre. Protasow, le surveillant des princes, se trouva dans la nécessité de faire son rapport à Catherine, qui fit venir Pallas et lui recommanda d'éluder tous les détails sur les pistils et les étamines. Comme cette recommandation rendait le cours de botanique à peu près impossible, et que le silence du professeur ne faisait que donner une nouvelle activité aux questions, il fut définitivement interrompu. Cependant un tel plan d'éducation ne pouvait être long-temps continué, et, tout enfant qu'Alexandre était encore, Catherine dut bientôt songer à le marier.

Trois jeunes princesses allemandes furent amenées à la cour de Russie, afin que la grande aïeule pût faire parmi elles un choix pour son petit-fils. Catherine apprit leur arrivée à Saint-Pétersbourg, et, pressée de les voir et de les juger, elle les fit inviter à se rendre au palais, et les attendit pensive à une fenêtre d'où elle pouvait les voir descendre dans la cour. Un instant après, la voiture qui les amenait s'arrêta, la portière s'ouvrit, et l'une des trois princesses sauta la première à terre, sans toucher le marche-pied.

— Ce ne sera point celle-là, dit en secouant la tête la vieille Catherine, qui sera impératrice de Russie : elle est trop vive.

La seconde descendit à son tour et s'embarrassa les jambes dans sa robe, de sorte qu'elle faillit tomber.

— Ce ne sera point encore celle-là qui sera impératrice de Russie, dit Catherine : elle est trop gauche.

La troisième descendit enfin, belle, majestueuse et grave.

— Voilà l'impératrice de Russie, dit Catherine.

C'était Louise de Bade.

Catherine fit amener ses petits-fils chez elle tandis que les jeunes princesses y étaient, leur disant que, comme elle connaissait leur mère, la duchesse de Baden Durlach, née princesse de Darmstadt, et que, comme les Français avaient pris leur pays, elles les faisait venir à Pétersbourg pour les élever auprès d'elle. Au bout d'un instant les deux grands-ducs furent renvoyés; à leur retour, ils parlèrent beaucoup des trois jeunes filles. Alexandre dit alors qu'il trouvait l'aînée bien jolie. — Eh bien! moi, pas, dit Constantin ; je ne les trouve jolies ni les unes ni les autres. Il faut les envoyer à Riga, aux princes de Courlande elles sont bonnes pour eux.

L'impératrice apprit le jour même l'opinion de son petit-fils sur celle-là même qu'elle lui destinait, et regarda comme une faveur de la Providence cette sympathie juvénile qui s'accordait avec ses intentions. En effet, le grand-duc Constantin avait eu tort, car la jeune princesse, outre la fraîcheur de son âge, avait de beaux et longs cheveux blond cendré flottant sur de magnifiques épaules, la taille souple et flexible d'une fée des bords du Rhin, et les grands yeux bleus de la Marguerite de Goëthe.

Le lendemain, l'impératrice vint les voir et entra dans un des palais de Potemkin, où elles étaient descendues. Comme elles étaient à leur toilette, elle leur apportait des étoffes, des bijoux, et enfin le cordon de Sainte-Catherine. Au bout d'un instant de causerie, elle se fit montrer leur garde-robe, en toucha toutes les pièces les unes après les autres; puis, l'examen fini, elle les embrassa, en souriant, au front, et en leur disant : — Mes amies, je n'étais pas si riche que vous quand je suis arrivée à Saint-Pétersbourg. — En effet, Catherine était arrivée pauvre en Russie; mais, à défaut de dot, elle laissait un héritage : c'était la Pologne et la Tauride.

Au reste, la princesse Louise avait éprouvé de son côté le sentiment qu'elle avait produit. Alexandre, que Napoléon devait appeler plus tard le plus beau et le plus fin des Grecs, était un charmant jeune homme plein de grâces et de naïveté, d'une égalité d'humeur parfaite, et d'un caractère si doux et si bienveillant, que peut-être aurait-on pu lui reprocher un peu de timidité ; aussi, dans sa naïveté, la jeune Allemande n'essaya pas même de dissimuler sa sympathie pour le czarevich, de sorte que Catherine, décidée à profiter de cette harmonie, leur annonça bientôt à tous deux qu'ils étaient destinés l'un à l'autre. Alexandre sauta de joie, et Louise pleura de bonheur.

Alors commencèrent les préparatifs du mariage. La jeune fiancée se prêta de la meilleure grâce à tout ce qu'on exigea d'elle. Elle apprit la langue russe, s'instruisit dans la religion grecque, fit profession publique de sa nouvelle foi, reçut sur ses bras nus et sur ses pieds charmants les onctions saintes, et fut proclamée grande-duchesse sous le nom d'Élisabeth Alexiewna, qui était le nom même de l'impératrice Catherine, fille d'Alexis.

Malgré les prévisions de Catherine, ce mariage précoce faillit être fatal à l'un, et fut certainement fatal à l'autre. Alexandre manqua de devenir sourd ; quant à l'impératrice, elle était déjà une vieille épouse à l'âge où l'on est encore une jeune femme. L'empereur était beau ; il avait nous l'avons dit, hérité du cœur de Catherine, et à peine la couronne nuptiale fut-elle fanée au front de la fiancée, qu'elle devint pour la femme une couronne d'épines.

Nous avons vu par quel accident Alexandre monta sur le trône. La douleur profonde que le nouvel empereur éprouva de la mort de son père le rendit à sa femme. Quoique Paul lui fût à peu près étranger, elle pleurait comme si elle eût été sa fille ; les larmes cherchent les larmes, et les jours de malheur ramenèrent les nuits heureuses.

C'est à l'histoire de raconter Austerlitz et Friedland, Tilsitt et Erfurt, 1812 et 1814. Pendant dix ans Alexandre fut éclairé de la lumière de Napoléon; puis, un jour, tous les regards, en suivant le vaincu, se détournèrent du vainqueur : c'est là où nous allons le reprendre.

Pendant ces dix années, l'adolescent s'était fait homme. L'ardeur de ses premières passions n'avait en rien diminué. Mais tout gracieux et souriant qu'il était auprès des femmes, tout poli et affectueux qu'il était avec les hommes, il lui passait de temps en temps sur le front comme des nuages sombres : c'étaient des souvenirs muets, mais terribles, de cette nuit sanglante où il avait entendu se débattre au-dessus de sa tête l'agonie paternelle. Peu à peu et à mesure qu'il avança en âge, ces souvenirs l'obsédèrent plus fréquemment et menacèrent de devenir une mélancolie incessante. Il essaya de les combattre par la pensée et le mouvement. Alors on lui vit rêver des réformes impossibles et faire des voyages insensés.

Alexandre, élevé comme nous l'avons dit par le frère du général La Harpe, avait conservé de son éducation libérale un penchant à l'idéologie que ses voyages en France, en Angleterre et en Hollande ne firent qu'augmenter. Des idées de liberté, puisées pendant l'occupation, germaient dans toutes les têtes, et, au lieu de les réprimer, l'empereur lui-même les encourageait en laissant tomber de temps en temps de ses lèvres le mot constitution. Enfin, M™ de Krudener arriva, et le mysticisme vint se joindre à l'idéologie : c'est sous cette double influence que l'empereur se trouvait lors de mon arrivée à Saint-Pétersbourg.

Quant aux voyages, ce serait quelque chose de fabuleux pour nous autres Parisiens. On a calculé que l'empereur, dans ses diverses courses tant à l'intérieur qu'à l'extérieur de son empire, a déjà parcouru deux cent mille verstes, quelque chose comme cinquante mille lieues. Et ce qu'il y a d'étrange dans de pareils voyages, c'est que le jour de l'arrivée est fixé dès le jour même du départ. Anisi, l'année qui avait précédé celle de mon voyage, l'empereur était parti pour la Petite-Russie, le 26 août, en annonçant qu'il serait de retour le 2 novembre, et l'ordre qui préside à l'emploi des journées est si strictement et si invariablement fixé d'avance, qu'après avoir parcouru la distance de dix-huit cent soixante-dix lieues, Alexandre rentra à Saint-Pétersbourg au jour dit et presqu'à l'heure dite.

L'empereur entreprend ces longs voyages, non-seulement sans gardes, non-seulement sans escorte, mais même presque seul, et, comme on le pense bien, aucun ne s'écoule tout entier sans amener des rencontres étranges ou des dangers imprévus, auxquels l'empereur fait face avec la bonhomie de Henri IV ou le courage de Charles XII. Ainsi, dans un voyage en Finlande avec le prince Pierre Volkouski, son seul compagnon, au moment même où ce dernier venait de s'endormir, la voiture impériale, qui gravissait une montagne rapide et sablonneuse, lasse par sa pesanteur l'effort de l'attelage qui se met à reculer. Aussitôt Alexandre, sans réveiller son compagnon, saute à terre et se met à pousser la roue avec le cocher et les gens. Pendant ce temps, le dormeur, inquiété dans son sommeil par ce brusque changement de mouvement, se réveille et se trouve seul au fond de la calèche; étonné, il regarde autour de lui et aperçoit l'empereur qui s'essuyait le front : on était arrivé au haut de la montée.

Une autre fois, pendant un voyage dans la Petite-Russie, l'empereur, en arrivant dans une bourgade, et tandis qu'on changeait de chevaux, eut le désir de se délasser des fatigues de la voiture en faisant une ou deux verstes à pied, il invita donc les postillons à ne pas trop se presser, afin de lui laisser le temps de marcher quelque peu en avant. Aussitôt, seul, vêtu d'une redingote militaire, sans aucune marque de distinction, il traverse la ville et arrive à l'extrémité où la route se divise en deux chemins également frayés; ignorant lequel des deux il doit prendre, Alexandre s'approche d'un homme, vêtu comme lui d'une capote, et fumant sa pipe sur le seuil de la dernière maison :

—Mon ami, lui demande l'empereur, laquelle de ces deux routes dois-je prendre pour aller à...?

L'homme à la pipe le toise des pieds à la tête, et étonné qu'un simple voyageur ose parler avec cette familiarité à un homme de son importance, en Russie surtout où la distinction des grades établit une si grande distance entre les supérieurs et les subordonnés, il laisse dédaigneusement tomber, entre deux bouffées de fumée, le mot : — A droite.

— Pardon, monsieur, dit l'empereur en portant la main à son chapeau ; encore une question, s'il vous plaît.

— Laquelle ?

— Permettez-moi de vous demander quel est votre grade dans l'armée ?

— Devinez?

— Monsieur est peut-être lieutenant.

— Montez.

— Capitaine?

— Plus haut.

— Major?

— Allez toujours.

— Chef de bataillon?

— Enfin, ce n'est pas sans peine.

L'empereur s'incline.

— Et maintenant à mon tour, dit l'homme à la pipe, persuadé qu'il s'adresse à un inférieur, qui êtes-vous vous-même, s'il vous plait?

— Devinez, répond l'empereur.

— Lieutenant ?

— Montez.

— Capitaine ?

— Plus haut.

— Major ?

— Allez toujours.

— Chef de bataillon ?

— Encore.

L'interrogateur tir sa pipe de sa bouche.

— Colonel ?

— Vous n'y êtes pas.

L'interrogateur se redresse et prend une attitude respectueuse.

— Votre excellence est donc lieutenant-général?

— Vous approchez.

L'interrogateur porte la main à sa casquette et reste fixe et immobile.

— Mais en ce cas, votre altesse est donc feld-maréchal ?

— Encore un effort, monsieur le chef de bataillon.

— Sa majesté impériale ! s'écrie alors l'interrogateur stupéfait, en laissant tomber sa pipe qui se brise en morceaux.

— Elle-même, répond Alexandre en souriant.

— Ah! sire, s'écrie l'officier tombant à genoux, pardonnez-moi.

— Et que voulez-vous que je vous pardonne? répond l'empereur; je vous ai demandé mon chemin, vous me l'avez indiqué. Merci.

Et à ces mots l'empereur salue de la main le pauvre chef de bataillon stupéfait et prend la route à droite, sur laquelle sa voiture ne tarde pas à le rejoindre.

Pendant un autre voyage, entrepris pour visiter ses provinces du nord, l'empereur, en traversant un lac situé dans le gouvernement d'Archangel, fut assailli par une violente tempête : — Mon ami, dit l'empereur au pilote, il y a dix-huit cents ans à peu près qu'en pareille circonstance un grand général romain disait à son pilote: « Ne crains rien, car tu portes César et sa fortune. » Moi, je suis moins confiant que César, et je te dirai tout bonnement: Mon ami, oublie que je suis l'empereur, ne vois en moi qu'un homme comme toi, et tâche de nous sauver tous les deux. — Le pilote, qui commençait à perdre la tête en songeant à la responsabilité qui pesait sur lui, reprit courage aussitôt, et la barque, dirigée par une main ferme, aborda sans accident au rivage.

Alexandre n'avait pas toujours été aussi heureux, et dans des dangers moindres il lui était parfois arrivé des accidents plus graves. Pendant son dernier voyage dans les provinces du Don, il fut renversé violemment de son droschki, et se blessa à la jambe. Esclave de la discipline qu'il s'était prescrite à lui-même, il voulut continuer son voyage, afin d'arriver au jour dit; mais la fatigue et l'absence de précaution envenimèrent la plaie; depuis ce temps, et à plusieurs reprises, des érésipèles se portèrent sur cette jambe, forçant l'empereur à garder le lit pendant des semaines et à boiter pendant des mois. C'est lors de ces accès que sa mélancolie redouble, car alors il se trouve face à face avec l'impératrice, et dans ce visage triste et pâle, duquel le sourire semble être disparu, il trouve un reproche vivant, car cette tristesse et cette pâleur, c'est lui qui les a faites.

Or, la dernière atteinte de ce mal qui

avait eu lieu dans l'hiver de 1824, à l'époque du mariage du grand-duc Michel, et au moment où l'empereur avait appris de Constantin l'existence de cette conspiration éternelle mais invisible, que l'on devinait sans la voir, avait inspiré de vives inquiétudes. C'était à Tzarko-Selo, la résidence favorite du prince, et qui lui devenait plus chère à mesure qu'il s'enfonçait davantage dans cette insurmontable mélancolie. Après s'être promené à pied, toujours seul, comme c'était sa coutume, il rentra au château saisi de froid, et se fit apporter à dîner dans sa chambre. Le même soir, un érésipèle, plus violent encore qu'aucun des précédents, se déclara, accompagné de fièvre, de délire et de transport au cerveau; la même nuit, on ramena l'empereur dans un traîneau fermé à Saint-Pétersbourg, et là un conseil de médecins réunis décida de lui couper la jambe, pour prévenir la gangrène ; le seul docteur Wyllie, chirurgien particulier de l'empereur, s'y opposa, répondant sur sa tête de l'auguste malade. En effet, grâce à ses soins, l'empereur revint à la santé, mais sa mélancolie s'était encore augmentée pendant cette dernière maladie, de sorte qu'ainsi que je l'ai dit, les dernières fêtes du carnaval en avaient été tout attristées.

Aussi, à peine guéri, était-il retourné à son bien-aimé Tzarko-Selo, et y avait-il repris sa vie accoutumée ; le printemps l'y trouva seul, sans cour, sans grand-maréchal, et n'y recevant que ses ministres à des jours marqués de la semaine; là son existence était plutôt celle d'un anachorète qui pleure sur ses fautes, que celle d'un grand empereur qui fait le bonheur de son peuple. En effet, à six heures en hiver, à cinq heures en été, Alexandre se levait, faisait sa toilette, entrait dans son cabinet, où il ne pouvait pas souffrir le moindre désordre, et où il trouvait sur son bureau un mouchoir de batiste plié, et un paquet de dix plumes nouvellement taillées. L'empereur alors se mettait au travail, ne se servant jamais le lendemain de la plume de la veille, n'eût-elle été employée qu'à écrire son nom; puis, le courrier fini et la signature achevée, il descendait dans le parc, où, malgré les bruits de conspiration qui couraient depuis deux ans, il se promenait toujours seul, et sans autre garde que les sentinelles du palais Alexandre. Vers les cinq heures, il rentrait, dînait seul, et se couchait à la retraite que la musique des gardes jouait sous ses fenêtres, et dont les morceaux, toujours choisis par lui parmi les plus mélancoliques, l'endormaient enfin dans une disposition pareille à celle où il avait passé la journée.

De son côté, l'impératrice Elisabeth vivait dans une profonde solitude, veillant sur l'empereur comme un ange invisible; l'âge n'avait point éteint l'amour profond que le jeune czarewich lui avait inspiré à la première vue, et qui s'était conservé pur et éternel, malgré les nombreuses et publiques infidélités de son mari. C'était, à l'époque où je la vis, une femme de quarante-quatre à quarante-cinq ans, à la taille encore svelte et bien prise, et sur son visage on distinguait les restes d'une grande beauté, qui commençaient à céder à trente ans de lutte avec la douleur. Au reste, chaste comme une sainte, jamais la calomnie la plus amère et la plus irritée n'avait pu trouver prise sur elle : si bien qu'à sa vue chacun s'inclinait, moins encore devant la puissance supérieure que devant la bonté suprême, moins devant la femme régnant sur la terre que devant l'ange exilé du ciel.

Lorsqu'arriva l'été, les médecins décidèrent à l'unanimité qu'un voyage était nécessaire au rétablissement complet de l'empereur, et fixèrent eux-mêmes la Crimée, comme l'endroit dont le climat était le plus favorable à sa convalescence. Alexandre, contre son habitude, n'avait point arrêté de courses pour cette année, et reçut l'ordonnance des médecins avec une indifférence parfaite; à peine, au reste, la résolution du départ fut-elle prise, que l'impératrice sollicita et obtint la permission d'accompagner son époux. Ce départ amena un surcroît de travail pour l'empereur, car, avant ce voyage, chacun s'empressa de terminer avec lui, comme si on ne le devait plus revoir; il lui fallut donc, pendant une quinzaine de jours, se lever de meilleure heure, et se coucher plus tard. Cependant sa santé n'était point visiblement altérée, lorsque, dans le courant du mois de juin, après un service chanté pour la bénédiction de son voyage, et auquel assista toute la famille impériale, il quitta Saint-Pétersbourg, accompagné de l'impératrice, conduit par son cocher le fidèle Ivan, et suivi de quelques officiers d'ordonnance sous les ordres du général Diébitch.

XIV

L'empereur arriva à Taganrog vers la fin d'août 1825, après avoir passé par Varsovie où il s'arrêta pendant quelques jours pour fêter l'anniversaire de la naissance du grand-duc Constantin : c'était le deuxième voyage que l'empereur faisait dans cette ville, dont la situation lui plaisait, et où il disait souvent qu'il avait l'intention de se retirer. Le voyage, au reste, lui avait fait grand bien ainsi qu'à l'impératrice, et on augurait à merveille de leur séjour sous ce beau ciel auquel ils étaient venus demander leur guérison. Au reste, la prédilection de l'empereur pour Taganrog n'était justifiée que par les embellissements futurs qu'il comptait y faire; car, telle qu'elle était alors, cette petite ville, située sur le bord de la mer d'Azof, ne se composait guère que d'un millier de mauvaises maisons, dont un sixième au plus est bâti en briques et en pierres; toutes les autres ne sont que des cages de bois recouvertes d'un torchis de boue. Quant aux rues, qui sont larges, il est vrai, mais qui ne sont point pavées, le sol en est tellement friable, qu'à la moindre pluie en enfonce jusqu'au genou; en revanche, quand le soleil et le vent ont desséché ces masses humides, le bétail et les chevaux qui passent, chargés des productions du pays, soulèvent sous leurs pieds des torrents de poussière, que la brise fait tourbillonner en flots si épais, qu'en plein jour et à quelques pas, on ne distingue point un homme d'un cheval. Cette poussière s'introduit partout, entre dans les maisons, traverse les jalousies closes ou les contrevents fermés, pénètre à travers les habits si épais qu'ils soient, et charge l'eau d'une espèce de sédiment qu'on ne peut précipiter qu'en la faisant bouillir avec du sel de tartre.

L'empereur était descendu dans la maison du gouverneur, située en face de la forteresse d'Azof, mais il n'y restait presque jamais, sortant dès le matin, et n'y rentrant qu'à l'heure du dîner, c'est-à-dire à deux heures. Tout le reste du temps, il courait à pied dans la boue ou la poussière, négligeant toutes les précautions que les habitants du pays eux-mêmes prennent contre les fièvres d'automne, qui du reste avaient été très nombreuses et très malignes cette année. Sa principale occupation était le tracé et le plantage d'un grand jardin public dont les travaux étaient dirigés par un Anglais qu'il avait fait venir de Saint-Pétersbourg; la nuit, il dormait sur un lit de camp, la tête posée sur un oreiller de cuir.

Quelques-uns disaient que ces occupations, en quelque sorte extérieures, voilaient un plan caché, et que l'empereur ne s'était retiré ainsi à l'extrémité de son empire, que pour y prendre à l'écart quelque grande détermination. Ceux-là espéraient, d'un moment à l'autre, voir sortir de cette petite ville des Palus-Méotides un plan de constitution pour toute la Russie; là était, s'il fallait les en croire, la véritable cause de ce voyage prétendu sanitaire; l'empereur avait voulu agir en dehors de l'influence de sa vieille noblesse, aussi attachée, encore aujourd'hui, à ses préjugés, qu'elle l'était du temps de Pierre-le-Grand.

Cependant Taganrog n'était que le point principal de la résidence d'Alexandre; Élisabeth seule y restait à demeure, car elle n'eût pu supporter les courses que l'empereur faisait dans le pays du Don, tantôt à Tcherkask, tantôt à Donetz. Au retour d'une de ces courses, il allait partir pour Astrakan, lorsque l'arrivée subite du comte de Woronzoff, celui-là même qui a occupé la France jusqu'en 1818, et qui était gouverneur d'Odessa, vint renverser le nouveau projet; en effet, Woronzoff venait annoncer à l'empereur que de grands mécontentements étaient près d'éclater en Crimée, et que sa présence seule pouvait les calmer. Il y avait trois cents lieues à parcourir; mais qu'est-ce que trois cents lieues, en Russie, où les chevaux, aux crinières échevelées, vous emportent à travers les steppes et les forêts avec la rapidité d'un rêve? Alexandre promit à l'impératrice d'être de retour avant trois semaines, et donna les ordres du départ, qui devait avoir lieu aussitôt après le retour d'un courrier qu'il avait expédié à Alupka.

Le courrier revint; il apportait de nouveaux détails sur la conspiration. On avait découvert que c'était non-seulement au gouvernement, mais encore aux jours de l'empereur qu'on en voulait. En apprenant cette nouvelle, Alexandre laissa tomber sa tête dans ses mains, et poussant un profond gémissement, il s'écria :
— O mon père! mon père!

On était alors au milieu de la nuit. L'empereur fit réveiller le général Diébitch, qui habitait une maison voisine. En l'attendant, il paraissait fort inquiet, marchant à grands pas dans la chambre, se jetant de temps en temps sur son lit, d'où l'agitation le repoussait bientôt. Le général arriva; deux heures se passèrent à écrire et à discuter; puis deux courriers partirent porteurs de dépêches, l'un pour le vice-roi de Pologne, l'autre pour le grand-duc Nicolas.

Le lendemain, les traits de l'empereur avaient repris leur calme habituel, et nul ne pouvait y lire la trace des agitations de la nuit. Cependant Woronzoff le trouva, en venant lui demander ses instructions, dans un état d'irritabilité tout-à-fait contraire à la douceur habituelle de son caractère. Il n'en donna pas moins l'ordre du départ pour le lendemain matin.

La route ne fit qu'augmenter ce malaise moral; à chaque instant, ce qui ne lui arrivait jamais, l'empereur se plaignait de la lenteur des chevaux et du mauvais état des chemins. Cette humeur chagrine redoublait surtout quand son médecin Wyllie lui recommandait quelques précautions contre les vents glacés de l'automne. Alors il rejetait manteau et pelisse, et semblait chercher les dangers que ses amis le suppliaient de fuir. Tant d'imprudence porta son fruit : l'empereur fut un soir pris d'une toux obstinée, et le lendemain, en arrivant à Orieloff, une fièvre intermittente se déclara, qui en quelques jours, et aidée par l'obstination du malade, se changea en une fièvre rémittente, que Wyllie reconnut bientôt pour être la même qui avait régné pendant tout l'automne de Taganrog à Sébastopol.

Le voyage fut aussitôt interrompu.

Alexandre, comme s'il eût senti la gravité de sa maladie et voulu revoir l'impératrice avant de mourir, exigea qu'on lui fît reprendre à l'instant même le chemin de Taganrog. Toujours contrairement aux prières de Wyllie, il fit une partie de la route à cheval; mais bientôt, ne pouvant plus se tenir en selle, force lui fut de remonter dans sa voiture. Enfin, le 5 novembre, il rentra à Taganrog. A peine arrivé au palais du gouverneur, il s'évanouit.

L'impératrice, presque mourante elle-même d'une maladie de cœur, oublia à l'instant même ses souffrances pour ne s'occuper que de son mari. La fièvre fatale, malgré le changement de lieu, reparaissait par accès chaque jour, de sorte que le 8, les symptômes augmentant sans cesse de gravité, sir James Wyllie exigea que le docteur Stophiegen, médecin de l'impératrice, lui fût adjoint. Le 13, les deux docteurs, réunis pour combattre l'affection cérébrale qui menaçait de compliquer la maladie, proposèrent à l'empereur de le saigner; mais l'empereur s'y opposa constamment, ne demendant que de l'eau glacée, et, lorsqu'on lui en refusait, repoussant toute autre chose. Vers quatre heures de l'après-midi, l'empereur demanda de l'encre et du papier, écrivit et cacheta une lettre; puis, comme la bougie était restée allumée : « Mon ami, dit-il à un domestique, éteins cette bougie; on pourrait la prendre pour un cierge et croire que je suis déjà mort. »

Le lendemain 14, les deux médecins revinrent à la charge, secondés par les prières de l'impératrice, mais ce fut inutilement encore, et même l'empereur les repoussa avec emportement. Cependant presque aussitôt il se ressentit de ce mouvement d'impatience, et, les rappelant tous deux : « Écoutez, dit-il à Stophiegen, vous et sir James Wyllie, j'ai eu grand plaisir à vous voir, et cependant je vous préviens que je serai forcé de renoncer à ce plaisir, si vous me rompez la tête avec votre médecine. » Pourtant, vers midi, l'empereur consentit à prendre une dose de calomel.

Vers quatre heures du soir, le mal avait fait des progrès si effrayants, qu'il devint urgent de faire appeler un prêtre. Ce fut sir James Wyllie qui, sur l'invitation de l'impératrice, entra dans la chambre du mourant, et, s'approchant de son lit, lui conseilla en pleurant, puisqu'il continuait de refuser le secours de la médecine, de ne pas refuser au moins ceux de la religion. L'empereur répondit que, sous ce rapport, il consentait à tout ce qu'on voulait.

Le 15, à cinq heures du matin, le confesseur fut introduit. A peine l'empereur l'eut-il aperçu, que, lui tendant la main :

« Mon père, lui dit-il, traitez-moi en homme, et non en empereur. » Le prêtre alors s'approcha du lit, reçut la confession impériale, et donna les sacrements à l'auguste malade.

Alors, comme il connaissait l'obstination qu'avait mise Alexandre à refuser tous les remèdes, il attaqua sur ce point la religion du mourant, lui disant que, s'il continuait à s'obstiner sur ce point, il y avait à craindre que Dieu ne regardât sa mort comme un suicide. Cette idée produisit sur Alexandre une si profonde impression, qu'il rappela aussitôt Wyllie et lui dit qu'il se remettait entre ses mains, afin qu'il fît de lui ce que bon lui semblerait.

Wyllie ordona aussitôt l'application de vingt sangsues à la tête ; mais il était trop tard. Le malade était dévoré d'une fièvre ardente, de sorte qu'à compter de ce moment on commença à perdre tout espoir, et que la chambre se remplit de serviteurs pleurants et gémissants. Quant à Élisabeth, elle n'avait quitté le chevet du malade que pour faire place au confesseur, et, celui-ci sorti, elle était rentrée aussitôt et avait repris son poste accoutumé.

Vers deux heures, l'empereur parut éprouver un redoublement de douleurs. Il fit signe qu'on s'approchât de lui, comme s'il voulait communiquer un secret. Alors, comme s'il changeait d'avis : « Les rois, s'écria-t-il, souffrent plus que les autres. »

Puis, s'arrêtant tout à coup et retombant en arrière sur son traversin : « Ils ont commis là, murmura-t-il, une action infâme. » De qui voulait-il parler? Nul ne le sait; mais quelques-uns ont cru que c'était un dernier reproche aux assassins de Paul.

Pendant la nuit l'empereur perdit tout sentiment.

Vers les deux heures du matin, le général Diébitch parla d'un vieillard nommé Alexandrowitch, qui avait, lui disait-on, sauvé plusieurs Tartares de cette même fièvre à laquelle succombait l'empereur. Aussitôt sir James Wyllie exigea que l'on envoyât chercher cet homme, et l'impératrice, se reprenant à ce rayon d'espoir, ordonna qu'on allât chez lui et qu'il fut amené sur-le-champ.

Pendant tout ce temps, l'impératrice était à genoux au chevet du lit du mourant, les yeux sur ses yeux, et regardant avec effroi la vie se retirer lentement. Certes, si des prières saintes et sincères suffisaient pour fléchir Dieu, Dieu était fléchi et l'empereur sauvé.

Sur les neuf heures du matin, le vieillard entra. C'était avec peine qu'il avait consenti à venir, et il avait fallu l'emmener presque de force. En voyant le mourant, il secoua la tête; puis, interrogé sur ce signe néfaste : « Il est trop tard, dit-il; d'ailleurs ceux que j'ai guéris n'étaient point malades de la même maladie. »

Avec cette déclaration s'éteignit le dernier espoir d'Élisabeth.

En effet, à dix heures cinquante minutes du matin, l'empereur expira.

C'était le 1er décembre, selon le calendrier russe.

L'impératrice était tellement penchée sur lui, qu'elle sentit passer son dernier soupir. Elle jeta un cri terrible, tomba à genoux et pria; puis, après quelques minutes, se relevant plus calme, elle ferma les yeux de l'empereur, qui étaient restés ouverts, lui serra la tête avec un mouchoir pour empêcher les mâchoires de s'écarter, baisa ses mains déjà froides, et, retombant à genoux, elle resta en prières jusqu'au moment où les médecins obtinrent d'elle qu'elle se retirât dans une autre chambre, afin qu'ils pussent procéder à l'ouverture du cadavre.

L'autopsie fit découvrir deux onces de fluide dans les cavités du cerveau et un engorgement des veines et des artères de la tête. En outre, on trouva un ramollissement de la rate, espèce d'altération particulière à cet organe lorsque la mort du sujet a été amenée par les fièvres du pays. L'empereur pouvait donc être sauvé, s'il n'avait obstinément refusé tout secours.

Le lendemain, le corps fut exposé sur une estrade, élevée dans la maison même où il était mort. La chambre était tendue de noir, le cercueil recouvert d'un drap d'or, et un grand nombre de cierges éclairaient l'appartement. Chaque personne qui entrait recevait à la porte un flambeau allumé, qu'elle gardait tout le temps qu'elle restait dans la salle funèbre. Un prêtre, placé à la tête de la bière, disait des prières; deux sentinelles, l'épée nue, veillaient jour et nuit; deux autres gardaient les portes, et deux autres encore étaient échelonnées sur chaque degré de l'escalier.

Le corps resta ainsi vingt-deux jours exposé, visité par une foule de spectateurs, qui accouraient là comme à un spectacle, et gardé par l'impératrice, qui voulut assister à chaque messe que l'on disait de deux jours l'un, et qui s'évanouit à toutes. Enfin, le 25 décembre, à neuf heures du matin, le cadavre fut transporté du palais au monastère grec de Saint-Alexandre, où il devait demeurer exposé jusqu'à son départ pour Saint-Pétersbourg. Il était sur un char funèbre attelé de huit chevaux, couverts jusqu'à terre de housses de drap noir, abrité sous un dais de drap d'or, et dans un cercueil recouvert de drap d'argent et orné d'écussons aux armes de l'empire. La couronne impériale était placée sous le dais. Quatre généraux-majors, assistés de huit officiers-majors, portaient les cordons du dais. Les personnes de la suite de l'empereur et de l'impératrice suivaient immédiatement en longs manteaux de deuil et portant des flambeaux, tandis que, de minute en minute, l'artillerie légère des Cosaques du Don, qui avait été mise en batterie sur l'esplanade de la forteresse, tirait un coup de canon.

Arrivé à l'église, le corps fut transporté sur une estrade de douze marches, couverte de drap noir, surmontée d'un catafalque de drap rouge, supportant un socle couvert de velours ponceau avec des armoiries en or. Quatre colonnes soutenaient le dais, que couronnaient le diadème impérial, le sceptre et le globe. Le catafalque était entouré de rideaux de velours ponceau et de drap d'or, et quatre grands candélabres, placés aux quatre coins de l'estrade, supportaient un nombre de cierge suffisant pour lutter avec l'obscurité de l'église, obscurité causée par des tentures de drap noir semées de croix blanches, dont les croisées inférieures de l'église étaient couvertes.

L'impératrice avait voulu assister à ce dernier convoi; mais, cette fois encore, elle ne put supporter son émotion. On la remporta évanouie au palais; à peine revenue à elle, Élisabeth descendit dans la chapelle, où elle dit les mêmes prières que l'on disait à l'église de Saint-Alexandre.

Aussitôt les premiers symptômes de maladie aperçus, c'est-à-dire dès le 18 du mois, le jour même du retour de l'empereur à Taganrog, un courrier avait été expédié à son altesse impériale le grand-duc Nicolas, pour lui donner avis de l'indisposition de l'empereur. Ce courrier avait été suivi d'autres courriers expédiés dans le même but, les 21, 24, 27 et 28 novembre. Toutes les lettres dont ils étaient porteurs annonçaient un danger croissant et avaient jeté la désolation dans la famille impériale, lorsque enfin une lettre du 29 vint rendre quelque espoir en annonçant que l'empereur, dont le dernier évanouissement avait duré plus de huit heures, venait de reprendre le sentiment, avait reconnu tout le monde, et avait dit lui-même qu'il sentait un peu d'amélioration dans son état.

Si vagues que fussent les espérances que l'on pouvait concevoir sur une pareille lettre, l'impératrice-mère et les grands-ducs Nicolas et Michel avaient ordonné, le 10 décembre, un *Te Deum* public dans la grande église métropolitaine de Casan, et à peine le peuple avait-il su que ce *Te Deum* était chanté pour célébrer une amélioration dans la santé de l'empereur, qu'il s'y était porté tout joyeux, et avait encombré tout l'espace que laissaient libre les augustes assistants et leur suite.

Vers la fin du *Te Deum*, et comme les voix pures des chantres s'élevaient vers le ciel dans une sainte et suave harmonie, on vint tout bas prévenir le grand-duc Nicolas qu'un courrier arrivait de Taganrog porteur d'une dernière dépêche, qu'il ne voulait remettre qu'à lui-même, et attendait dans la sacristie. Le grand-duc se leva, suivi de l'aide-de-camp et sortit de l'église. L'impératrice-mère avait seule remarqué cette sortie, et l'office divin avait continué.

Le grand-duc n'eut besoin que de jeter un coup-d'œil sur le courrier pour deviner quelle fatale nouvelle il apportait. D'ailleurs, la lettre qu'il lui présentait était cachetée de noir. Le grand-duc Nicolas reconnut l'écriture d'Élisabeth ; il ouvrit la dépêche impériale : elle contenait ces quelques lignes seulement :

« Notre ange est au ciel, et moi je végète encore sur la terre ; mais j'ai l'espoir de me réunir bientôt à lui. »

Le grand-duc fit appeler le métropolitain, qui était un beau vielfard à grande barbe blanche et aux longs cheveux tombant jusqu'au milieu du dos; il lui remit la lettre, le chargeant d'apprendre la nouvelle fatale qu'elle contenait à l'impératrice-mère, revint prendre sa place auprès d'elle et se remit à prier.

Un instant après, le vieillard rentra dans le chœur. A un signe de lui, toutes les voix cessèrent, et un silence de mort leur succéda. Alors, au milieu de l'attention et de l'étonnement général, il marcha d'un pas lent et grave vers l'autel, prit le crucifix d'argent massif qui le décorait, et, jetant sur le symbole de toute douleur terrestre et de toute espérance divine un voile noir, il s'approcha de l'impératrice-mère et lui donna à baiser le crucifix en deuil.

L'impératrice jeta un cri et tomba la face contre terre; elle avait compris que son fils aîné était mort.

Quant à l'impératrice Élisabeth, le triste espoir qu'elle manifestait dans sa courte et touchante lettre ne tarda point à être accompli. Quatre mois environ après la mort d'Alexandre, c'est-à-dire au retour de la belle saison, elle quitta Taganrog pour le gouvernement de Kalouga, où l'on venait d'acheter pour elle une magnifique propriéé. A peine au tiers du chemin, elle se sentit affaiblie, et s'arrêta à Beloff, petite ville du gouvernement de Koursk : huit jours après, elle avait rejoint *son ange au ciel*.

XV

Nous apprîmes cette nouvelle et la manière dont elle avait été annoncée à l'impératrice-mère, par le comte Alexis, qui, en sa qualité de lieutenant aux chevaliers gardes, assistait au *Te Deum*. Soit que cette nouvelle l'eût impressionné lui-même, soit qu'elle se rattachât à d'autres idées encore que celles qui paraissaient en devoir être la conséquence, nous crûmes remarquer, Louise et moi, dans le comte, une agitation qui ne lui était point naturelle et qui perçait malgré la puissance que les Russes ont généralement sur leurs impressions. Nous nous communiquâmes ces réflexions aussitôt le départ du comte, qui nous quitta à six heures du soir pour se rendre chez le prince Troubetskoï.

Ces réflexions étaient fort tristes pour ma pauvre compatriote, car elles nous ramenaient naturellement à la pensée de cette conspiration, dont au commencement de sa liaison avec Louise, le comte Alexis avait laissé échapper quelques mots. Il est vrai que, depuis ce temps, toutes les fois que Louise avait voulu ramener la conversation sur ce sujet, le comte avait essayé de la rassurer en lui affirmant que cette conspiration avait été rompue presque aussitôt que formée; mais quelques-uns de ces signes qui n'échappent point aux regards d'une femme qui aime, lui avaient fait croire qu'il n'en était rien et que le comte essayait de la tromper.

Le lendemain, Saint-Pétersbourg se réveilla dans le deuil. L'empereur Alexandre était adoré, et, comme on ignorait encore la renonciation de Constantin, on ne pouvait s'empêcher de comparer la douce et facile bonté de l'un à la fantasque rudesse de l'autre. Quant au grand-duc Nicolas, personne ne pensait à lui.

En effet, quoique ce dernier connût

l'acte d'abdication] que Constantin avait signé à l'époque de son mariage, loin de se prévaloir de cette renonciation que son frère pouvait avoir regrettée depuis, il lui avait, le regardant déjà comme son empereur, prêté serment de fidélité, et envoyé un courrier pour l'inviter à revenir prendre possession du trône. Mais, en même temps que le messager partait de Saint-Pétersbourg pour Varsovie, le grand-duc Michel, envoyé par le czarewich, partit de Varsovie pour Saint-Pétersbourg, porteur de la lettre suivante :

« MON TRÈS CHER FRÈRE,

« C'est avec la plus profonde tristesse que j'ai appris, hier au soir, la nouvelle de la mort de notre adoré souverain, mon bienfaiteur, l'empereur Alexandre. En m'empressant de vous témoigner les sentiments que me fait éprouver ce cruel malheur, je me fais un devoir de vous annoncer que j'adresse, par le présent courrier, à sa majesté impériale, notre auguste mère, une lettre dans laquelle je déclare que, par suite du rescrit que j'avais obtenu de feu l'empereur, en date du 2 février 1822, à l'effet de sanctionner ma renonciation au trône, c'est encore aujourd'hui ma résolution inébranlable de vous céder tous mes droits de succession au trône des empereurs de toutes les Russies. Je prie en même temps notre bien-aimée mère et ceux que tout cela peut concerner de faire connaître ma volonté invariable à cet égard, afin que l'exécution en soit complète.

« Après cette déclaration, je regarde comme un devoir sacré de prier très humblement votre majesté impériale de recevoir le premier mon serment de fidélité et de soumission, et de me permettre de lui déclarer que, mes vœux n'étant dirigés vers aucune dignité nouvelle ni vers aucun titre nouveau, je désire uniquement et simplement conserver celui de czarewich, dont mon auguste père a daigné m'honorer pour mes services. Mon unique bonheur sera désormais de faire accueillir par votre majesté impériale les sentiments de mon profond respect et de mon dévouement sans bornes; j'en donne pour gage plus de trente années d'un service fidèle et le zèle constant que j'ai fait éclater envers les empereurs mon père et mon frère;

c'est dans les mêmes sentiments que jusqu'à mon dernier soupir je ne cesserai de servir votre majesté impériale et ses successeurs, dans mes fonctions présentes et dans la situation actuelle.

« Je suis avec le plus profond respect.

« Constantin. »

Les deux messagers se croisèrent. Celui qui était envoyé au czarewich Constantin avait mission du grand-duc Nicolas de ne négliger ni prières ni supplications pour obtenir de lui qu'il consentît à reprendre la couronne. En conséquence, il pria et supplia le czarewich; mais celui-ci résista avec fermeté, disant que ses désirs n'avaient point changé depuis le jour où il avait abdiqué ses droits, et que pour rien au monde il ne consentirait à les reprendre.

Alors sa femme, la princesse de Lowicz, vint se jeter à son tour à ses pieds, lui disant que, comme c'était à cause d'elle et pour devenir son époux qu'il avait renoncé à monter sur le trône des czars, elle venait lui offrir de reconnaître la nullité de son mariage, heureuse qu'elle était de pouvoir lui rendre à son tour ce qu'il avait fait pour elle; mais Constantin la releva, ne voulant point permettre qu'elle insistât davantage sur ce sujet, et lui déclarant que sa résolution était inébranlable.

De son côté, le grand-duc Michel arriva à Saint-Pétersbourg, porteur de la lettre du czarewich; le grand-duc Nicolas ne voulut point l'admettre comme refus définitif, disant qu'il espérait que les instances de son envoyé auraient un heureux résultat. Mais l'envoyé arriva à son tour, porteur d'un refus formel, de sorte que, comme il y avait danger à laisser les choses dans cet étrange provisoire, force lui fut bien d'accepter ce que son frère refusait.

Au reste, le lendemain du départ du courrier que le grand-duc Nicolas avait envoyé au czarewich, le conseil d'état l'avait fait prévenir qu'il était dépositaire d'un écrit commis à sa garde le 15 octobre 1823, et revêtu du sceau de l'empereur Alexandre, avec une lettre autographe de sa majesté, qui lui recommandait de conserver le paquet jusqu'à nouvel ordre, et, en cas de mort, de l'ouvrir en séance extraordinaire. Le conseil d'état venait d'obéir à cet ordre, et il avait trouvé sous le pli la renonciation du grand-duc Constantin, ainsi conçue :

« *Lettre de son altesse impériale le czarewich grand-duc Constantin à l'empereur Alexandre.*

« SIRE,

« Enhardi par les preuves multipliées de la bienveillance de sa majesté impériale envers moi, j'ose la réclamer encore une fois et mettre à ses pieds mes humbles prières. Ne me croyant ni l'esprit, ni la capacité, ni la force nécessaires si jamais j'étais revêtu de la haute dignité à laquelle je suis appelé par ma naissance, je supplie instamment sa majesté impériale de transférer le droit sur celui qui me suit immédiatement, et d'assurer à jamais la stabilité de l'empire. Quant à ce qui me concerne, je donnerai, par cette renonciation, une nouvelle garantie et une nouvelle force à celle à laquelle j'ai librement et solennellement consenti à l'époque de mon divorce avec ma première épouse. Toutes les circonstances présentes me déterminent de plus en plus à prendre une mesure qui prouvera à l'empire et au monde entier la sincérité de mes sentiments.

« Puisse votre majesté impériale accueillir mes vœux avec bonté ! puisse-t-elle déterminer notre auguste mère à les accueillir elle-même et à les sanctionner par son consentement impérial ! Dans le cercle de la vie privée, je m'efforcerai toujours de servir de modèle à vos fidèles sujets et à tous ceux qu'anime l'amour de notre chère patrie.

« Je suis, avec le plus profond respect,

« Constantin. »

Pétersbourg, 14 janvier 1822.

A cette lettre, Alexandre avait fait la réponse suivante :

« TRÈS CHER FRÈRE,

« Je viens de lire votre lettre avec toute l'attention qu'elle mérite ; je n'y ai rien trouvé qui m'ait pu surprendre, ayant toujours su apprécier les sentiments élevés de votre cœur ; elle m'a fourni une nouvelle preuve de votre sincère attachement à l'état et de vos soins prévoyants pour la conservation de sa tranquillité.

« Suivant vos désirs, j'ai communiqué votre lettre à notre très chère mère ; elle l'a lue, pénétrée des mêmes sentiments que moi, et reconnaît avec gratitude les nobles motifs qui vous ont dirigé.

« D'après ces motifs, allégués par vous, il ne nous reste à tous deux qu'à vous laisser toute liberté de suivre vos résolutions inaltérables, et à prier le Tout-Puissant de faire produire à des sentiments aussi purs les résultats les plus satifaisants.

« Je suis pour toujours votre très affectionné frère,

« ALEXANDRE. »

Or, le second refus de Constantin, renouvelé dans les mêmes termes à peu près à trois ans d'intervalle, rendait instante une décision de la part du grand-duc Nicolas ; il publia donc, le 25 décembre, et en vertu des lettres ci-dessus, un manifeste dans lequel il déclarait qu'il acceptait le trône qui lui était dévolu par la renonciation de son frère aîné ; il fixait au lendemain, 26, la prestation de serment qui devait être faite à lui et à son fils aîné, le grand-duc Alexandre.

A cette communication officielle que lui faisait son futur souverain, Saint-Pétersbourg respira enfin plus tranquille; le caractère du czarewich Constantin, qui présentait de grandes ressemblances avec celui de Paul Ier, inspirait de vives craintes; au contraire, celui du grand-duc Nicolas offrait de sérieuses garanties.

En effet, tandis qu'Alexandre et Constantin se laissaient emporter, chacun de son côté et selon son caractère, l'un vers les doux plaisirs de l'amour, l'autre vers les rudes travaux de la stratégie, le jeune grand-duc, chaste et sévère, avait grandi au milieu des études profondes de l'histoire et de la politique. Toujours distrait ou froid, il marchait habituellement le front penché vers la terre, et lorsqu'il le relevait pour fixer sur un homme son œil fauve et pénétrant, cet homme, quel qu'il fût, sentait qu'il était devant son maître. Aussi, peu de voix osaient répondre sans se troubler aux interrogations nettes et accentuées qu'il adressait habituellement avec sa parole brisée et fière; et tandis qu'Alexandre, populaire et courtois, se mêlait, avant que sa tristesse ne l'eût reléguée à Tzarko-Selo, à toutes les sociétés privées, le grand-duc Nicolas restait isolé avec sa famille, qui était à la fois un prétexte et une excuse à son isolement. Il en résulte que le peuple russe, qui sent lui-même le besoin qu'il a d'être guidé graduellement et sans secousse hors des ornières de la barbarie, avait instinctivement compris qu'avec une froide douceur, cachant une inexorable volonté, son nouveau souverain était l'homme qu'il eût dû choisir, si Dieu n'avait pris le soin de le choisir lui-même, et que pour tenir le sceptre qui devait s'étendre sur une nation, chose étrange, à la fois trop barbare et trop civilisée, il fallait une main de fer dans un gant de soie.

Ajoutez à cela, ce qui est bien quelque chose pour tous les peuples, que le nouvel empereur était le plus bel homme de son royaume et le plus brave de son armée.

Chacun regardait donc le jour du lendemain comme un jour de fête, lorsque pendant la soirée des bruits étranges commencèrent à circuler dans la ville : on disait que les renonciations publiées le matin même au nom du czarewich Constantin étaient supposées, et qu'au contraire le vice-roi de Pologne marchait sur Saint-Pétersbourg avec une armée, pour venir réclamer ses droits. On ajoutait que les officiers de divers régiments, et entre autres du régiment de Moscou, avaient dit tout haut qu'ils refuseraient le serment de fidélité à Nicolas, attendu que le czarewich était leur seul et légitime souverain.

Ces rumeurs m'étaient venu frapper dans quelques maisons que j'avais visitées pendant la soirée, lorsqu'en rentrant chez moi, je trouvai une lettre de Louise qui me priait, à quelque heure que ce fût, de passer chez elle ; je m'y rendis aussitôt, et la trouvai très inquiète : comme d'habitude, le comte était venu, mais, quelque effort qu'il eût fait sur lui-même, il n'avait pu lui cacher son agitation. Alors Louise l'avait questionné; mais quoiqu'il ne lui eût rien avoué, il lui avait répondu avec cette affectation profonde des moments suprêmes, si bien que, tout accoutumée qu'elle était à son amour et à sa bonté, la tendresse douloureuse qui cette fois en accompagnait l'expression, l'avait confirmée dans ses soupçons : sans aucun doute, quelque chose d'inattendu se préparait pour le lendemain, et, quelque chose que ce fût, le comte en était.

Louise voulait me prier d'aller chez lui, elle espérait qu'avec moi il serait plus confiant, et, dans le cas où il me confierait quelque chose relativement au complot, elle désirait que je fisse tout ce qui serait en mon pouvoir pour le détourner d'aller plus loin. On devine que je ne fis aucune difficulté pour me charger de ce message ; d'ailleurs, depuis long-temps, j'avais les mêmes craintes qu'elle, et ma reconnaissance avait vu presque aussi clair que son amour.

Le comte n'était point chez lui ; cependant, comme on avait l'habitude de m'y voir venir, du moment où j'eus dit que je désirais l'attendre, on ne fit aucune difficulté pour m'introduire ; j'entrai dans sa chambre à coucher : elle était préparée pour le recevoir, il était donc évident qu'il ne passait pas la nuit dehors.

Le domestique sortit et me laissa seul ; je regardai autour de moi pour voir si rien ne fixerait mes doutes, et j'aperçus sur la table de nuit une paire de pistolets à deux coups; je mis la baguette dans le canon : ils étaient chargés; cette circonstance, indifférente en toute autre occasion, dans celle-ci confirmait mes craintes.

Je me jetai dans un fauteuil, bien décidé à ne pas quitter la chambre du comte, qu'il ne fût rentré ; minuit, une heure et deux heures sonnèrent successivement; mes inquiétudes cédèrent à la fatigue, je m'endormis.

Vers quatre heures, je me réveillai, devant moi était le comte écrivant à une table ; ses pistolets étaient près de lui, il était très pâle.

Au premier mouvement que je fis, il se retourna de mon côté:—Vous dormiez, me dit-il, je n'ai pas voulu vous réveiller ; vous aviez quelque chose à me dire, je me doute de ce qui vous amène ; tenez, si demain soir vous ne m'avez pas revu, donnez cette lettre à Louise ; je comptais vous l'envoyer demain matin par mon valet de chambre, mais j'aime mieux la remettre à vous-même.

— Alors, nous n'avions donc pas tort de craindre ; il se prépare quelque conspiration, n'est-ce pas, et vous en êtes?

— Silence, me dit le comte en me serrant violemment la main, et en regardant autour de lui; silence, à Saint-Pétersbourg, un mot imprudent tue.

— Oh! lui dis-je à demi-voix, quelle folie!

— Eh! croyez-vous que je ne sache pas aussi bien que vous que ce que je fais est insensé? croyez-vous que j'aie la moindre espérance de réussir? Non, je vais droit à un précipice, et un miracle même ne pourrait m'empêcher d'y tomber; tout ce que je puis faire, c'est de fermer les yeux pour ne pas en voir la profondeur.

— Mais pourquoi, puisque vous mesurez ainsi le danger, vous y exposez-vous de sang-froid?

— Parce qu'il est trop tard maintenant pour retourner en arrière, parce qu'on dirait que j'ai peur, parce que j'ai engagé ma parole à des amis, et qu'il faut que je les suive,..... fut-ce sur l'échafaud.

— Mais comment, vous, vous, d'une noble famille?

— Que voulez-vous, les hommes sont fous; en France, les perruquiers se battent pour devenir grands seigneurs; ici, nous allons nous battre pour devenir des perruquiers.

— Comment! il s'agit?....

— D'établir une république, ni plus ni moins, et de faire couper la barbe à nos esclaves, jusqu'à ce qu'ils nous fassent couper la tête; ma parole d'honneur, j'en hausse moi-même les épaules de pitié. Et qui avons-nous choisi pour mettre à la tête de notre grande réforme politique? Un prince.

— Comment! un prince?

— Oh! nous en avons beaucoup de princes; ce n'est pas cela qui nous manquera, ce sont les hommes.

— Mais vous avez donc une constitution toute prête?

— Une constitution! reprit en riant d'un rire amer le comte Alexis; une constitution? oh! oui, oui, nous avons un code russe rédigé par Pestel, qui est Courlandais, et que Troubetskoï a fait revoir à

Londres et à Paris; et puis nous avons encore un catéchisme en beau langage figuré, qui contient des maximes comme celles-ci par exemple : Ne te fie uniquement qu'à tes amis et à ton arme : tes amis t'aideront, et ton poignard te défendra. Tu es Slave, et sur ton sol natal, aux bords des mers qui le baignent, tu construiras quatre ports : le port Niort, le port Blanc, le port de Dalmatie, le port Glacial, et, au milieu, tu placeras sur le trône la déesse des lumières.

— Mais quel diable de jargon me parle votre excellence?

— Ah! vous ne me comprenez point, n'est-ce pas? me dit le comte se livrant de plus en plus à cette espèce de raillerie fiévreuse avec laquelle il prenait plaisir à se déchirer lui-même; c'est que vous n'êtes pas initié, voyez-vous : il est vrai que, si vous étiez initié, vous ne comprendriez pas davantage; mais n'importe, vous iriez toujours, vous citeriez les Gracchus, Brutus, Caton, vous diriez qu'il faut abattre la tyrannie, immoler César, punir Néron; vous diriez...

— Je ne dirais rien de tout cela, je vous jure; bien au contraire, je me retirerais en silence, et je ne remettrais pas les pieds dans tous ces clubs, mauvaise parodie de nos feuillants et de nos jacobins.

— Et le serment, le serment? est-ce que vous croyez que nous l'avons oublié? est-ce qu'il y a une bonne conspiration sans un serment? Tenez, voilà le nôtre : Si je trahis ma parole, je serai châtié, et par mes remords et par cette arme sur laquelle je prête serment; qu'elle s'enfonce dans mon cœur, qu'elle fasse périr tous ceux qui me sont chers, et que dès cet instant ma vie ne soit plus qu'un enchaînement de souffrances inouies! C'est un peu mélodramatique, n'est-ce-pas, et ce serait très probablement sifflé à votre Gaîté ou à votre Ambigu; mais ici, mais à Saint-Pétersbourg, nous sommes encore en arrière, et j'ai été vraiment fort applaudi quand je l'ai prononcé.

— Mais, au nom du ciel! comment se fait-il, m'écriai-je, que, voyant aussi clairement le côté ridicule d'une pareille entreprise, vous vous y soyez mis?

— Comment cela se fait? que voulez-vous? Je m'ennuyais, j'aurais donné ma vie pour un kopek; je me suis fourré comme un sot dans cette souricière ; puis j'y étais à peine, que j'ai reçu une lettre de

Louise; j'ai voulu me retirer; sans me rendre ma parole, on m'a dit que tout cela était fini, et que la société était dissoute; il n'en était rien. Il y a un an, on est venu me dire que la patrie comptait sur moi: pauvre patrie, comme on la fait parler! J'avais grande envie d'envoyer tout promener, car je suis aussi heureux maintenant, voyez-vous, que j'ai été malheureux autrefois; mais une mauvaise honte m'a retenu, de sorte que me voilà prêt, comme l'a dit ce soir Bestoujeff, à poignarder les tyrans et à jeter au vent leur poussière. C'est très poétique, n'est-ce-pas? mais ce qui l'est moins, c'est que les tyrans nous feront pendre, et que nous ne l'aurons pas volé.

— Mais avez-vous réfléchi à une chose, monseigneur? dis-je alors au comte en lui saisissant les deux mains, et en le regardant en face; c'est que cet événement dont vous parlez en riant serait la mort de la pauvre Louise.

Les larmes lui vinrent aux yeux.

— Louise vivra, me dit-il.

— Oh! vous ne la connaissez pas, répondis-je.

— C'est parce que je la connais, au contraire, que je vous parle ainsi; Louise n'a plus le droit de mourir, elle vivra pour son enfant.

— Pauvre femme! m'écriai-je, je ne la savais pas si malheureuse.

— Écoutez, me dit le comte, comme je ne sais pas ce qui se passera demain, ou plutôt aujourd'hui, voici une lettre pour elle; j'espère que tout ira mieux que nous ne le pensons l'un et l'autre, et que tout ce bruit s'en ira en une fumée si imperceptible, qu'on ne s'apercevra pas même qu'il y avait du feu. Alors, vous la déchirerez, et ce sera comme si elle n'avait pas été écrite. Dans le cas contraire, vous la lui remettrez. Elle contient une recommandation à ma mère de la traiter comme sa fille ; je lui laisserais bien tout ce que j'ai, mais vous comprenez que, si je suis pris et condamné, la première chose qu'on fera sera de confisquer mes biens ; en conséquence, la donation serait inutile. Quant à mon argent comptant, la future république me l'a emprunté jusqu'au dernier rouble ; ainsi, je n'ai pas à m'en inquiéter. Vous me promettez de faire ce que je vous demande ?

— Je vous le jure.

— Merci ; maintenant, adieu ; prenez garde qu'on ne vous voie sortir de chez moi à cette heure, cela vous compromettrait peut-être.

— Vraiment, je ne sais pas si je dois vous quitter.

— Oui, vous le devez, mon cher ami : songez combien il est important, en cas de malheur, qu'il reste au moins un frère à Louise; vous ne serez déjà que trop compromis par vos relations avec moi, avec Mouravieff et avec Troubetskoï; soyez donc prudent, sinon pour vous, du moins pour moi, je vous le demande au nom de Louise.

— Avec ce nom là, vous me ferez faire tout ce que vous voudrez.

— Eh bien! adieu donc; je suis fatigué, et j'ai besoin de quelques heures de repos, car je présume que la journée sera rude.

— Adieu donc, puisque vous le voulez.

— Je l'exige.

—De la prudence.

—Eh! mon cher, cela ne me regarde aucunement; je ne vais pas, on me mène; adieu. A propos, je n'ai pas besoin de vous dire qu'un seul mot imprudent serait notre perte à tous.

— Oh!...

—Voyons, embrassons-nous.

Je me jetai dans ses bras.

—Et maintenant, une dernière fois, adieu.

Je sortis sans pouvoir prononcer une parole, fermant la porte derrière moi; mais, avant que je fusse au bout du corridor, la porte se rouvrit, et ces paroles arrivèrent jusqu'à moi:

—Je vous recommande Louise.

En effet, la nuit même, les conjurés s'étaient réunis chez le prince Obolinski, et toutes les mesures avaient été prises, si l'on peut appeler mesures quelques dispositions folles pour une révolution impossible. Dans cette réunion, à laquelle avaient assisté les principaux chefs, ceux-ci avaient communiqué aux simples membres de la société le plan général, et avaient choisi pour l'exécution le lendemain, jour du serment. En conséquence, il avait été résolu qu'on disposerait les soldats à la révolte, en leur exprimant des doutes sur la réalité de la renonciation du czarewich Constantin, qui, s'étant spécialement occupé de l'armée, était fort aimé d'elle; alors, et avec le premier régiment qui refuserait le serment, on joindrait le régiment le plus rapproché, et ainsi de suite jusqu'à ce qu'on eût une masse assez imposante pour marcher sur la place du Sénat, tout en battant le tambour pour amasser le peuple. Arrivés là, les conjurés espéraient qu'une simple démonstration suffirait, et que l'empereur Nicolas, répugnant à employer la force, traiterait avec les rebelles, et renoncerait à ses droits de souveraineté; alors on lui aurait imposé les conditions suivantes :

1° Que des députés seraient convoqués à l'instant même de tous les gouvernements;

2° Qu'il serait publié un manifeste du sénat, dans lequel il serait dit que les députés auraient à voter de nouvelles lois organiques pour le gouvernement de l'empire;

3° Qu'en attendant, un gouvernement provisoire serait établi, et que les députés du royaume de Pologne y seraient appelés afin d'adopter des mesures nécessaires à la conservation de l'unité de l'état.

Dans le cas où, avant d'accepter ces conditions, l'empereur demanderait à en conférer avec le czarewich, la chose lui serait accordée, mais à la condition qu'il serait donné aux conspirateurs et aux régiments révoltés un cantonnement hors de la ville, pour y camper malgré l'hiver, et y attendre l'arrivée du czarewich, qui trouverait, au reste, les états assemblés, pour lui présenter une constitution rédigée par Nikita Mourawieff, et lui prêter serment s'il acceptait, ou le déposer s'il ne l'acceptait pas. Si le grand-duc Constantin, ce qui dans la pensée des conjurés n'était pas probable, désapprouvait cette insurrection, on la mettrait alors sur le compte du dévouement que l'on portait à sa personne. Dans le cas où au contraire l'empereur refuserait tout arrangement, on devait l'arrêter avec toute la famille impériale, puis les circonstances indiqueraient ce qu'il faudrait décider à leur égard.

Si l'on échouait, on évacuerait la ville, et on propagerait l'insurrection.

Le comte Alexis n'avait pris part à toute cette longue et bruyante discussion, que pour combattre la moitié des propositions, et lever les épaules aux autres; mais, malgré son opposition et son silence, elles avaient été adoptées à la majorité, et, une fois adoptées, il se croyait engagé d'honneur à courir les mêmes chances que s'il avait quelque espoir de réussite.

Au reste, tous les autres paraissaient dans une sécurité parfaite quant à la réussite, et pleins de confiance dans le prince Troubetskoï, si bien qu'un conjuré, Boulatoff, s'était écrié avec enthousiasme en sortant et en s'adressant au comte :

— N'est-il pas vrai que nous avons choisi un chef admirable?

— Oui, avait répondu le comte, il est d'une très belle taille.

C'était dans ces dispositions qu'il était rentré, et m'avait trouvé chez lui.

FIN DU TOME SECOND.

Librairie de Dumont.

EN VENTE.

	fr.	cent
LA COMTESSE DE SALISBURY, par Alex. Dumas, 2 vol. in-8.	15	»
ISABEL DE BAVIÈRE, par le même, 3ᵉ édit. 2 vol. in-8.	15	»
SOUVENIRS D'ANTONY, par le même, 3ᵉ édit. in-8.	7	50
IMPRESSIONS DE VOYAGE, par le même, 3ᵉ édit. 5 vol. in-8.	35	»
PAULINE ET PASCAL BRUNO, par le même, 2ᵉ édit. 2 vol.	15	»
LE CAPITAINE PAUL, 2ᵉ édit., par le même, 2 vol. in-8.	15	»
QUINZE JOURS AU SINAÏ, par le même, 2ᵉ édit. 2 vol. in-8.	15	»
ACTÉ, par le même, 2ᵉ édit. 2 vol. in-8.	15	»
SCÈNES POPULAIRES, par H. Monnier, 2 v. in-8, 4ᵉ édit.	15	»
NOUVELLES SCÈNES POPULAIRES, par le même, 2 vol. in-8.	15	»
SOUVENIRS D'UN ESCROC DU GRAND MONDE, par lord Ellis, 2 vol. in-8.	15	»
EMMA, par l'auteur de *Trevelyan*, 2 vol. in-8.	15	»
VALDEPEIRAS, par H. Arnaud (Mᵐᵉ Charles Reybaud), 2 v. in-8.	15	»
MELCHIOR, par Madame C. Bodin (Jenny-Bastide) 2 vol. in-8.	15	»
LES TOURELLES, histoire des Châteaux de France, par Léon Gozlan, 2 vol. in-8.	15	»
LE CAPITAINE PAMPHILE, par Alexandre Dumas, 2 v. in-8.	15	»
MARIE DE MANCINI, par Madame Sophie Gay, 2 vol. in-8,	15	»
LOUISE, par la duchesse d'Abrantès, 2 vol. in-8,	15	
L'ABBESSE DE CASTRO, par Stendhal, 1 vol. in-8,	7	50
LA NEUVAINE DE LA CHANDELEUR, par Charles Nodier, in-8.	7	50
TRIBORD ET BABORD, par E. Corbière, 2 vol. in-8.	15	»
AVENTURES DE JOHN DAVYS, par A. Dumas, 4 vol. in-8.	30	»
LA CHAMBRIÈRE, par Frédéric Soulié, 1 vol. in-8.	7	50
UN RÊVE D'AMOUR, par *le même*, 1 vol. in-8.	7	50
ANAIS, par Mᵐᵉ C. Bodin Jenny Bastide, 2 vol. in-8.	15	»
LOUISON D'ARQUIEN, par Charles Rabou. 1 vol. in-8.	7	50
LE BANQUIER DE BRISTOL, par Jules Lacroix. 2 vol. in-8.	15	»
EDITH DE FALSEN, par E. Legouvé. 1 vol. in-8.	7	50
OTHON L'ARCHER, par A. Dumas, 1 vol. in-8.	7	50
MAITRE ADAM LE CALABRAIS, par A. Dumas. 1 vol. in-8.	7	50
CARLO BROSCHI, par Eugène Scribe, 1 vol. in-8.	7	50
LA MAITRESSE ANONYME, par *le même*, 1 vol. in-8.	7	50
GUISE ET RIOM, par Paul de Musset, 2 vol. in-8.	15	»
L'HABIT D'UN AUTEUR CÉLÈBRE, par Suau de Varennes, 2 vol. in-8.	15	»
MADEMOISELLE BÉATA ET ROBERT MACAIRE EN ORIENT, par Alphonse-Royer, 2 vol. in-8.	15	»
GEORGES ET FABIANA, par H. Arnaud (Mᵐᵉ Charles Reybaud) 2 vol. in-8.	15	»
LE PELOTON DE FIL ET LE CABARET DES MORTS, par Roger de Beauvoir, 2 vol. in-8	15	»
LES STUARTS, par Alexandre Dumas. 2 vol in-8.	15	»
FRÉDÉRIC ET BERNERETTE, par A. de Musset 1 vol. in-8.	7	50
LES DEUX MAITRESSES, par *le même*, 1 vol. in-8,	7	50
LES NUITS DE LONDRES, par Méry, 2 vol. in-8.	15	»

SOUS PRESSE :

L'EGOISME OU L'AMOUR, par madame E. de Girardin.
LES ILOTS DE MARTIN-VAR, par E. Corbière.
HORTENSE, par Alphonse Karr.
MADAME DE RIEUX, par H. Arnaud (Mᵐᵉ Charles Reybaud)
QUATRE ANS SOUS TERRE, par Jules Lacroix.
CALISTE, par madame Camille Bodin.
LES TROIS MARIES, par Michel Masson et Lafitte.
LE DESSOUS DES CARTES par A. Arnould.
IMPRESSIONS DE VOYAGES, *(midi de la France)* par A. Dumas.

www.ingramcontent.com/pod-product-compliance
Lightning Source LLC
Chambersburg PA
CBHW072010150426
43194CB00008B/1062